宋元学案 理学的真精神

杨祖汉 编著

江苏凤凰文艺出版社
JIANGSU PHOENIX LITERATURE AND
ART PUBLISHING

图书在版编目（CIP）数据

宋元学案：理学的真精神 / 杨祖汉编著 . -- 南京：
江苏凤凰文艺出版社，2024. 6. -- ISBN 978-7-5594
-8779-7

Ⅰ. B244-49

中国国家版本馆 CIP 数据核字第 2024CZ9392 号

著作权合同登记号：10-2024-109

宋元学案：理学的真精神

杨祖汉　编著

责任编辑　项雷达
图书策划　宁炳辉
特约编辑　宁炳辉
装帧设计　时代华语设计组
出版发行　江苏凤凰文艺出版社
　　　　　南京市中央路 165 号，邮编：210009
网　　址　http://www.jswenyi.com
印　　刷　三河市宏图印务有限公司
开　　本　880 毫米 ×1230 毫米　1/32
印　　张　8.25
字　　数　180 千字
版　　次　2024 年 6 月第 1 版
印　　次　2024 年 6 月第 1 次印刷
书　　号　ISBN 978-7-5594-8779-7
定　　价　58.00 元

用经典滋养灵魂

龚鹏程

　　每个民族都有它自己的经典。经，指其所载之内容足以作为后世的纲维；典，谓其可为典范。因此它常被视为一切知识、价值观、世界观的依据或来源。早期只典守在神巫和大僚手上，后来则成为该民族累世传习、讽诵不辍的基本典籍，或称核心典籍，甚至是"圣书"。

　　中国文化总体上的经典是六经：《诗》《书》《礼》《乐》《易》《春秋》。依此而发展出来的各个学门或学派，另有其专业上的经典，如墨家有其《墨经》。老子后学也将其书视为经，战国时便开始有人替它作传、作解。兵家则有其《武经七书》。算家亦有《周髀算经》等所谓《算经十书》。流衍所及，竟至喝酒有《酒经》，饮茶有《茶经》，下棋有《弈经》，相鹤相马相牛亦皆有经。此类支流稗末，固然不能与六经相比肩，但它们代表了在各自那一个领域中的核心知识地位，是很显然的。

　　我国历代教育和社会文化，就是以六经为基础来发展的。直到清末废科举、立学堂以后才产生剧变。但当时新设的学堂虽仿洋制，却仍保留了读经课程，以示根本未赜。辛亥革命后，蔡元培担任教育总长才开始废除读经。接着，他主持北京大学时出现的新文化运动更进一步发起对传统文化的攻击。趋势竟由废弃文言，提倡白话文学，一直走到深入的反传统中去。

台湾的教育发展和社会文化意识，其实也一直以延续五四精神自居，故其反传统气氛及其体现于教育结构中者，与大陆不过程度略异而已，仅是社会中还遗存着若干传统社会的礼俗及观念罢了。后来，台湾才惕然警醒，开始提倡"文化复兴运动"，在学校课程中增加了经典的内容。但不叫读经，乃是摘选"四书"为《中国文化基本教材》，以为补充。另成立"文化复兴委员会"，开始做经典的白话注释，向社会推广。

文化复兴运动之功过，诚乎难言，此处也不必细说，总之是虽调整了西化的方向及反传统的势能，但对社会民众的文化意识，还没能起到普遍警醒的作用；了解传统、阅读经典，也还没成为风气或行动。

20世纪70年代后期，高信疆、柯元馨夫妇接掌了当时台湾第一大报《中国时报》的副刊与出版社编务，针对这个现象，遂策划了《中国历代经典宝库》这一大套书。精选影响人们最为深远的典籍，包括了六经及诸子、文艺各领域的经典，遍邀名家为之疏解，并附录原文以供参照，一时社会震动，风气丕变。

其所以震动社会，原因一是典籍选得精切。不蔓不枝，能体现传统文化的基本匡廓。二是体例确实。经典篇幅广狭不一、深浅悬隔，如《资治通鉴》那么庞大，《尚书》那么深奥，它们跟小说戏曲是截然不同的。如何在一套书里，用类似的体例来处理，很可以看出编辑人的功力。三是作者群涵盖了几乎全台湾的学术精英，群策群力，全面动员。这也是过去所没有的。四是编审严格。大部丛书，作者庞杂，集稿统稿就十分重要，否则便会出现良莠不齐之现象。这套书虽广征名家撰作，但在审定正讹、统一文字风格方面，确乎花了极大气力。再加上撰稿人都把这套书当成是写给自己子弟看的传家宝，写得特别矜慎，成绩当然非其他的书所能比。五是当时高信疆夫妇利用报社传播之便，将出版与报纸媒体做了最好、最彻底的结合，使得这套书成了家喻户晓、众所翘盼的文化甘霖，人人都想一沾法雨。六是当时出版采用豪华的小牛皮烫金装帧，精美大方，辅以雕花木柜。虽所费不赀，却是经济刚刚腾飞时一个中产家庭最好的文化陈设，书香家庭的想象，由此开始落实。许多家庭乃因买进这套书，仿佛种下了诗礼传家的根。

高先生综理编务，辅佐实际的是周安托兄。两君都是诗人，且侠情肝胆照人。中华文化复起、国魂再振、民气方舒，则是他们的理想，因此编这套书，似乎就是一场织梦之旅，号称传承经典，实则意拟宏开未来。

我很幸运，也曾参与到这一场歌唱青春的行列中，去贡献微末。先是与林明峪共同参与黄庆萱老师改写《西游记》的工作，继而再协助安托统稿，推敲是非，斟酌文辞。对整套书说不上有什么助益，自己倒是收获良多。

书成之后，好评如潮，数十年来一再改版翻印，直到现在。经典常读常新，当时对经典的现代解读目前也仍未过时，依旧在散光发热，滋养民族新一代的灵魂。只不过光阴毕竟可畏，安托与信疆俱已逝去，来不及看到他们播下的种子继续发芽生长了。

当年参与这套书的人很多，我仅是其中一员小将。聊述战场，回思天宝，所见不过如此，其实说不清楚它的实况。但这个小侧写，或许有助于今日阅读这套书的读者理解该书的价值与出版经纬，是为序。

致读者书

杨祖汉

亲爱的朋友：

《宋元学案》是一部学术史，它记载了宋元两代儒学的学派源流和学术思想。宋元两代的儒者非常多，学理也很复杂，要把这许多的人物和学说交代清楚，是很不容易的，而《宋元学案》却能做到。这书原来的篇幅很多，内容十分详备，对各儒者的师友渊源、思想行谊及学派的流衍，都能兼顾详述。因此这书是宋元两代学术史的佳构，到现在仍有着不可取代的价值。细读《宋元学案》，一方面固然可使我们了解当时儒学发展的情况，各儒者的思想、行事，以及对当时的政治教化所造成的影响，因而增进我们的识见。另一方面，由于书中所载儒者的行事，大都可敬可爱，所叙述的思想学说，也大都亲切真实，警策高明。所以我们会感到从字里行间所流露出来的，是活的精神、活的行事，而不是已经过去了的史迹，以及和我们无关的抽象理论。只要我们一旦读进去，便自然地会开启精神，恢弘志气，而对人生有正确的观念，产生真正的理想，这当然是最重要的收获。

宋元及明代的儒学，一般都称作"宋明理学"，这是因为宋明儒者都喜欢谈"理"的缘故。但其实他们所说的理，只是儒学的理，虽然在理论上有所发展，但在本质上和先秦儒学是并无二致的。

理，即是法则。法则是客观的、普遍的，是人所共认为合理的，不会因时因地或因人的好恶的不同而有所改变。法则有很多种类，如自然的法则、思想的法则，以及道德的法则等都是。宋明儒学所探讨的乃是道德的法则。

只要对自己的生命活动稍加反省，我们都一定会感到，我们这生命活动，好像是自己所不能主宰控制的。我们一时会这样想，一时又会那样想；一时会因感到自己做对了而高兴，一时又会因自己做错了而内疚不安。究竟有没有一种普遍永恒的法则，可使我们依循着去做，便不会犯错的呢？若是有的话，又存在于何处呢？这便是对道德法则的探究。有时候我们知道是对的，却不肯去做；知道是不对的，却又偏去做了，究竟我们要怎样修养自己，才能主宰自己的生命，使自己见善必为，有过必改呢？这便是对修养的功夫及方法的探究。这种对道德的法则及修养功夫的探究，便是儒学最基本的课题。其实这也是人所最关心的问题，不管你是哪一行哪一业的人，都会面对这些问题，只要你不自欺，不麻木，便都会感到那是不可逃避的、必须解答的问题。因为那是关于自己生命的问题，所以这种学问，是一切人所要从事的人学，生命之学。宋明儒学对这生命之学讲解之详细，体会之真切，是古今中外各学派所少有的。

在《宋元学案》中所载的理论，有些是比较深奥的，或者读者在初读时会不易了解。如北宋的周濂溪、张横渠及程明道，他们说了很多关于天道天理的话，似乎是太玄了，但那些并不是空论，而是他们的实践所得。只要我们回到自己的生命上来体会，便可以了解他们所说的理论的真正含义。他们都体悟到，整个宇宙人生都是天道的生生不已的创造，一切都充满了意义和价值，都是真真实实的，没有半点虚妄，而人的道德活动，便是天道的呈现，是充满了绝对的、无限的价值的。于是从一切都是天道的生生不已的观点来看宇宙人生，人便会开拓心胸，既不受内在的生理欲望所控制，也不受外在的环境遭遇所影响，不管是成败得失、贫富贵贱，或生死寿夭，都不会改变人的实践道德以体现天道的行为。比起天道天理来，一切都不足道，就是尧舜般的丰功伟业，也不过如一点浮云过太虚，并不算什么。有这样的体悟，人便能脱出形骸生理的限制，不受任何环境遭遇所影响，而能真正主宰自己的生命，真正有刚健不息的人生。由此可见，无论他们的学说理论是多么玄远深奥，其实都是面对生命而发的，只要我们能切实反省体会，便一定会有所得。

这部改写本因限于篇幅及本人的学术水平，并不能充分撷取原著的精华，所作的讲解叙述，也未必恰当无误，因此我衷心希望各位把这本书视为《宋元学案》原著的导论，看完了这书，便马上找原著来看。

目录

前　言

一

　　《宋元学案》起初是由黄宗羲编纂的，后来经过好几位学者增补才完成。黄宗羲，字太冲，浙江余姚人，人称他为"梨洲先生"。他生于明朝神宗万历三十八年，卒于清朝圣祖康熙三十四年（1610—1695年）。他父亲黄尊素是明神宗和熹宗时的名臣，忠贞刚烈，不幸被奸臣魏忠贤陷害而死。这时黄宗羲才十六岁，已博览群书，学识超卓。他遵从父亲的遗命，拜父亲的至交好友刘宗周为师。刘宗周，字起东，学者称"蕺山先生"，是明末最有成就的儒学大师（他的生平及学术，请参阅《明儒学案》）。明思宗崇祯十七年（1644年），李自成入北京，思宗自缢，明福王即位于南京。这时清兵已入关。第二年，清兵破李自成，又攻陷南京，明朝亡，刘蕺山先生绝食殉国，黄宗羲则联络志士，从事反清复明的工作，可惜无功，后来便隐居家乡，专心从事著述。黄宗羲在学术上的成就很大，他和顾炎武、王夫之被后世称为"清初三先生"。后来清廷曾一再请他出来任官，他都不肯。他一生所著的书很多，有《明儒学案》《宋元学案》《明夷待访录》《南雷文定》《明史案》等，都是很有价值的著作，其中的《明儒学案》及《宋元学案》，乃是宋元明三代最完整的学术史。

黄宗羲先写《明儒学案》，完成后再写《宋元学案》，但只写好一部分便去世了，由他的儿子黄百家继续撰写，但并未把这书完成。隔了许多年，这书的稿本为清儒全祖望得到，他便全力加以增补，费了十年的功夫，《宋元学案》才大致完稿。全祖望，字绍衣，号谢山，生于清康熙四十四年，卒于乾隆二十年（1705—1755年）。他虽未能见到黄宗羲，但对梨洲先生的学问很是景仰，可以算是黄梨洲的私淑弟子。在现在的《宋元学案》中，属于黄宗羲父子所写的部分只有十分之三四，其他大都是全祖望增补的，所以《宋元学案》可算是黄宗羲父子及全祖望合写的。全祖望在五十一岁时得病，在《宋元学案》还没有来得及付印时便去世了。稿本交由全祖望的学生卢月船保管，卢月船加以抄录誊正，又和黄梨洲的玄孙黄璋讨论商榷，但尚未抄录完毕而卢氏又卒，全氏原稿及卢氏抄本便藏在卢氏家中，子孙世代保存。另外黄璋又从卢月船处得到全祖望的底稿，黄璋和儿子黄征先后抄录誊正，补正许多缺漏。至清道光十八年（1838年），这书才由王梓材及冯云濠两学者根据卢氏及黄氏两稿本校刊出版，王梓材也做了许多校补工作，才成为现在的《宋元学案》一百卷，这时已是黄宗羲卒后的一百四十三年了，这书耗费了好几代人的精力才告完成，由此可见古人对学术的热爱及谨慎从事的精神。

在《宋元学案》一百卷中，属于两宋部分的有九十四卷，其中有好几卷分了上下，所以实数是八十二个学案，属于元朝部分的只有六个学案。每一个学案通常是代表一个学派，每一学案大部分以该学派的创始人或最重要的人的名号为名称，如卷一《安定学案》便以胡瑗（人称"安定先生"）为学案的名称，学案中除叙述了胡瑗的生平学术外，又叙述胡瑗的门人弟子及和他论学的朋友的生平学术。每一个比较重要的人物，都有传略、学说及附录三部分。传略是记载该位先生的生平及学问大概，学说是抄录他的著作中的重要部分，而附录则杂记他的遗事，以及当时的人或后人对他的评论。每学案前都有附表，用列表的方式表示出学案中各人相互间的关系，师友的渊源，非常清晰明白，也使人很容易便可以掌握当时的学术界的大概情形。这些表大部分是王梓材所补的。著录在学案的宋元儒者，共有千余人。

二

我国宋元明三代（960—1643年）六七百年间的思想学术界，是儒学在春秋战国之后的又一个黄金时代；在春秋战国时，因为孔子孟子的兴起，而奠定了儒家学说的义理纲维。孔子一方面继承了古代传统的学术，整理了《诗》《书》《礼》《乐》等经书，保存了传统文化；另一方面，更为重要的是，他指点出人的真生命、真精神——仁，赋予了传统学术文化新的意义，豁醒了人的内在的精神生命，使人能在实践仁义时，了解到人生的真正意义。孟子则根据孔子所说的仁而说本心，指出恻隐、羞恶、恭敬、是非等心是人人都有的本心，亦即仁义礼智等理，因此仁义礼智等道德的理是在人的心中的。只要人时刻保存他的本心，不断地扩充，那么人人都可以成为一个最完美、最理想的圣人，而世间也会有最理想的政治。于是从人的有本心便肯定人人都可以成为圣人，那么人性当然是善的，人之所以为人的意义，人的可贵处，便是因为可以实践仁义礼智而成为圣人。孟子说本心、性善和保存扩充，便已将儒家学问的内容全部表明出来。人的保存涵养自己的本心善性，不断扩充，便可成为圣人，这是"内圣"（从自己的生命内部下功夫，不断提升自己的人格而成圣成贤）的学问；把本心善性推出去用于家国天下，便可以有理想的政治，那是"外王"（把理想实现在世界上，使一切人都过着合理的生活）的学问。这便是儒学的全部内容。儒家所说的学，是指示这"内圣外王"之学，并不只是读书求知识。

在孔孟之后的《易传》及《礼记·中庸》的不知名作者，顺着孔孟的义理推进一步，认为人的仁义礼智的本性，便是天理天道。所谓天理天道，即是使宇宙间的一切能存在的最高的法则。天理天道是无穷无尽的，能不断地创生一切，使一切能生生不息。《易传》及《中庸》的作者都认为，天理天道的内容便是仁义礼智。人性和天理在内容上是一样的，如果人能保存他的本心，又不断地扩充，便是把具有无限意义的天理天道实现在自己的生命中，于是自己便具有无限的意义和价值。只要人在日常生活中，本着本心本性去做，便会产生一切德行，成就种种该做的事情。人自然便会孝父母、爱兄弟、信朋友……当人在孝父母、信朋友时，内心不只是感觉到孝悌忠信是人所应做的，同时也会感到那便是天理所在，是人所绝对不能违反的，这时心中便会产生最大的快乐。而且这孝悌忠信的行为，是要不断推广的，人要用仁义之心来对一切人一切物，好像天地的包容一切、长养一切一样，人能够这样，便和天理天道合而为一，成为一个可和天地并立的有无限价值的人。于是人在实践道德的过程中，便可以体会到天理天道，而使自己的生命充满着无限的意义。

儒学这种义理、生命智慧，实在可以稳定住一切人间正常的生活，使人在伦常日用中体会到无限的意义和价值，而不必在人生之外另寻一个天国，也不必出家修行。这实在是人生的正道，大中至正之教。所以儒学后来便成了中国思想学术的主流，启发了所有中国人的道德理想，调护着每一个中国人的生命。

在孟子之后的荀子，也是儒学大师，很能道出礼乐教化的意义，但他并不能了解孟子的性善说，而认为人性是恶的，因而强调后天的学习教养，他对于道德心性、天理天道的了解便有了偏差，不能承接孔孟所创发的内圣学的真精神。秦代焚诗书、坑儒生，儒学的真面貌更黯然不彰。两汉四百年，大抵都以儒学作为政治教化的指导原则，但对于儒学的真精神，也是很少有人能了解的，这时期并没有一个能阐发真正的孔孟之学的纯粹儒者。这期间的儒者，大都用心在如何把儒学理想实现在政教及注释经书上，对于孔子所说的仁，孟子所说的本心善性，反求诸己以豁醒真生命，是没有相应的了解的。于是后来儒学便逐渐失去了活力，不能作为当时人生命的最高指导原则。所以到东汉末年，一方面是道家思想盛行，另一方面是佛教教义的逐渐传入。从东汉末年起，经历魏晋南北朝，以至隋唐，共七百多年的时间，中国的思想界都是佛道的天下，其中以佛教的力量最大，大部分的聪明才智之士，都被佛门吸收了去。

佛教及道家（后来有人根据道家的修养方法而追求长生，成立了道教）两派，都有很高深的理论，而所面对、处理的，也是人生中的真实问题，所以很能吸引人。但佛道两教都是从人生负面的烦恼、执着入手，对于儒家所指出的人生的正常面、光明面，并不能正视，对于政治教化、伦理之道，并没有积极地肯定，于是就作为人生的指导原则来说，佛道都不免是偏颇的。若是有儒家思想做主，佛道都会是很好的辅助力量、很好的教路，但若要取代儒学的主流地位，以佛道做主，便会有很大的弊病。魏晋南北朝时中国大乱，佛道思想盛行，儒家思想则只保存在北方的一些士族中，凭着北方士族的家庭教育，保存了儒家的政教理想。隋唐两代能够重新统一中国，形成前所未有的昌盛局面，所凭借的正是北方士族所保存的儒家政教理想。

虽然说隋唐的统一的盛运，是儒家的政教理想所致，但在隋唐三百年间的思想界，儒学还是不能抬头，还是佛学的天下。因为经过了长期的吸收消化，佛教已经中国化，中国人在这时开始以自己本身的智慧，顺着原有的印度佛学的教义而往前推进，创立了中国佛学宗派，如天台宗、华严宗、禅宗等。这些宗派的教义，都不是印度原有的。其中的禅宗，后来更是风行天下。这是佛学在中国的黄金时代，一般读书人的注意力大都集中在佛教的教义理论上。这时候代表儒学出来和佛教相抗的，只有一个韩愈，而他是一位文学家，对于儒学的理论，并没有很深切的了解，因此他只能根据常识来反对佛学，这当然是不足的。韩愈也提倡师道，希望改变当时的读书人的浮夸而不切实的风气，但韩愈本身的学问人品，并不能达到足为世人所共仰的地步，因此韩愈只能成功地发起了一次古文运动，而不能使儒学复兴。在唐代中叶以后，武人割据，中央政府命令不能通达地方，政治愈来愈混乱，民变四起，在唐朝末年以至五代十国的几十年间，是中国历史上前所未有的黑暗时代，可以说已经不像是一个人间。在这大乱的时候，人便慢慢反省到，人要真正做一个人，人间要像一个人间，乃是最重要的事。人不像人，人间不像人间，一切都不能谈。于是儒学的重要性便逐渐为人了解，就是佛教的大师，在五代时也有劝人读韩愈的文章及儒家的经典的。可见他们也反省到，只有儒学才能稳定人间，而只有人间稳定了之后，才有佛教可讲。

三

五代十国的混乱局面，幸而被宋太祖结束了，但中原元气已大伤，许多疆土都被侵占了，宋代的立国实在十分艰苦。宋代的读书人眼见唐末五代的大乱，以及当时中国处境的艰苦，在内心中自然便产生出无比庄严的责任感，而要以天下为己任，加上宋太祖极力提倡文教，优礼读书人，儒学的复兴运动于是便逐渐展开。

宋代儒学最早的人物，是胡安定（瑗）孙泰山（复）两位先生，他们一同在泰山苦读，学成后便用经学来教育弟子，他们所教过的弟子有几千人，大都能成才，这对当时的学术风气有极大的影响。胡安定为人沉潜笃实，而孙泰山则高明刚正。徐积是安定最出色的弟子，所以有安定的风格，而石介的疾恶如仇，力攻佛道之学，便接近泰山。石介对孙泰山严执弟子的礼数，更对当时的风俗起了很大的改良作用，师道的尊严，在这时才真正再次建立起来。除这几位外，当时的几位著名大臣，如范仲淹、司马光、吕公著、欧阳修等，都能提倡儒学，奖励后进人才，而他们的人格，更是纯粹光明，最值得人效法。他们对当时的教育、政治，有莫大的影响。但以上诸位先生都未能对儒学的义理有深刻的体会，只能算宋儒中的先驱人物。

第一个能把握先秦儒学真精神的宋儒是周敦颐。周敦颐的学问没有明显的师承，大概是他自己体悟出来的，没有经过老师的传授。由于他曾和佛道的人来往，于是后来有些人便说他的学问夹杂有佛教道教的成分，其实这是很不负责任的言论，周敦颐的著作中所显示出的义理，纯粹是儒学的基本义理。他以《中庸》所说的诚来比配《易传》所说的乾元，体会到天理天道是最真实的，是生生不已的，而人的仁义礼智即是天道的呈现，于是人的成圣，便合于天道，这的确是地道的儒家式的智慧。从周敦颐开始，儒学的精义才重新为人所了解。周敦颐以后，大儒辈出，使当时的思想界显得极为热闹，在河南洛阳，有程颢程颐兄弟，在陕西，则有张载。程氏兄弟在少年时曾问学于周敦颐，但二程的学问并不是直接从周敦颐处承接而来，而是他们自己用了十多年的功夫研究体会而得的。程颢资性和粹，充养有道，最受当时人景仰，而他的学问更是圆融通透，境界最高。程颐性格刚严，不像程颢和粹，而学问见解和他哥哥也不太一样，但当时的程门弟子并不能觉察两位程先生学理上的不同。程颐比程颢晚死二十年，这二十年间，他不断地讲学论道，使儒学达到了空前的昌盛。虽然在政治上他很不得意，晚年更被贬远方，但恶劣的环境却成了他修心养性的最佳场所，也激起当时百姓对儒者的崇敬，对儒学的重视。张载则是北宋各大儒中立说最有理论系统的一位，无论是对佛道的批评，或对儒家本身义理的阐明，都非常正确严谨。由于周、张、二程几位的努力，儒学的内容意义才真正为人所明白。当然他们也有新的思想，并不完全是墨守先秦儒家的说法，但他们的新义都是儒学的合理引申及发展。如张载便造了很多新名词，如太虚、气、天地之性、气质之性等，但名词虽新，所表示的都是儒学本有的义理。所谓儒学的本有的义理，是指前面所说的，孔子所说的仁，孟子所说的本心、性善，以及《易传》《中庸》

所说的天理天道即是人的道德之性等。

因周敦颐号"濂溪先生"，后人便称他的学问为"濂学"；二程住在洛阳，于是被称作"洛学"；张载是关中（陕西地方又叫"关中"）人，所以被称为"关学"。当时有一位邵雍先生，和周、张、二程等同时，而年龄稍大，也是当时的著名儒者，但他的学问并不是纯粹的儒学，所以一般都不以他为北宋正统派的儒者。

濂、洛、关三派中，周敦颐没有正式的传人，张载的关学在当时和二程的洛学一样的兴盛，门人弟子很多。张载教人，以礼为先，关中风气因而变得像古代般淳厚，他的弟子吕大钧又推行"乡约"运动，教化地方，很有成效。可惜不久便是"靖康之难"，北宋亡，关中一带饱受战火的蹂躏，张载的门人弟子四散，关学便衰微不振了。

二程的洛学则是一直绵延不断，弟子散布各地，都能谨守师说。其中以谢良佐、杨时、尹焞最有成就。谢良佐气质刚毅高明，议论横厉风发，他很能把握程颢的学说要点，他说仁是觉，是生意，说得很是具体活泼，后来胡安国便由于得他的指引而了解洛学精义，胡安国的小儿子胡宏更能将北宋周、张、大程的学问消化融会，开出湖湘一派的学术。杨时的气质和平，议论平缓优游。他很得程颢的喜爱，当杨时辞别程颢而南归时，程颢目送他，说："我的道将传到南方去了。"所以杨时这一系统，被称作"道南系"（又因杨时是南剑人，故又称"南剑系"）。杨时的寿命长，"靖康之难"宋室南渡后，他便在南方努力传扬儒学，弟子非常多。其中最得杨时真传的，是罗从彦。罗从彦传李侗，而李侗则是南宋大儒朱熹的老师。尹焞的年辈较少，他未见过程颢，追随程颐十多年，专心从事于持敬涵养的功夫，学问品行极为醇正，宋高宗曾说他的行为便是一部活的《论语》。

以上是北宋儒学的大概。南宋儒学并不因"靖康之难"而中断，而且更为昌盛，但当然儒者的活动范围要往南移了。胡宏是宋室南渡第一个儒学大师，他所著的《知言》，后来的吕祖谦说胜过张载的《正蒙》，虽未必是这样，但《知言》的义理的确很是精微，足以承接北宋诸儒的学统。因为当时秦桧当政，胡宏和他的兄弟都隐居在湖南衡山湘水一带，不肯出仕，于是他们便被称为"湖湘学派"。胡宏的弟子最著名的是张栻，但张栻在胡宏的门下日子不长，对胡宏的学问未能有深切的了解。所以后来当朱熹因对胡宏的说法有所怀疑，而和张栻讨论时，张栻便不能稳守胡宏的说法。胡宏的其他弟子虽多能谨守师说，但因都处在湖湘一带，稍微偏僻，不能产生大的影响，而且大都短命，于是湖湘学统便不能延续下去了。

朱子（熹）是南宋以来最受尊重的大儒，一般人都认为他是宋代儒学的集大成的人，他一生不断讲学著书，他的理论及著作都有很大的权威性，是被南宋以后大多数的读书人所遵从的。但朱子其实只继承了小程子（程颐）的学问，主张先要以敬来涵养内心，心涵养久了，便会清明，便能明理，但明理非要通过格物（研究事事物物）不可，把心知的灵明运用在事事物物上，便能明理，能明理，人的行为便有可依循的法则，便能使行为合理而无差错。朱子这样的理论，并不同于孟子所说的本心的意义。本心本身便是仁义礼智等理，理是本来就具备在本心中的，只要人能反省自觉，便可觉察这理，所以道德实践的最切要的功夫，是反省自觉，而不是格物穷理。当然朱子所要明的理也是道德的理，而不是科学的理，我们不能混乱。朱子这说法不同于先秦的孔孟，也不同于北宋的周、张、大程，他是承继小程子的学理而发扬光大，成为另一套大系统。因此他对谢良佐的以觉说仁的说法，对胡宏的知言，都深表不满。

朱子是福建人，后来的人便称他的学问为"闽学"，而濂、洛、关、闽后被称为"宋代儒学四大派"。

和朱子同时，江西的陆九渊是南宋另一位儒学大师。他的学问并没有师承，他自己说是"读《孟子》而自得之"，他不满意朱子所说的持敬穷理的说法，认为朱子学不见道。他教人在心上作明辨义利的功夫，只要义利辨明，人的本心便自然呈现，本心一呈现，理便在其中，顺着这本心，便自然能孝悌忠信，不需要往外面格物穷理。陆九渊的学问完全是根据孟子而来的，但朱子却说他是禅学，两家的门人后来便争论不已，朱陆异同，便成为南宋最重大的学理争论。

和朱子及陆九渊同时，在浙江东部有一群重视实际的功效，而不喜欢谈高深理论的学者，他们的代表人物有吕祖谦、陈傅良、陈亮、叶适等，其中以陈亮和叶适较为激烈，陈亮认为有了实际上的事功，便即是有道德。叶适则认为曾子、子思、孟子以至二程的洛学，都不是道的原本传统，因他们都是不切实用的空谈理论，而没有客观面的事功上的成就。陈、叶二人这些说法，都未免有偏差，在学理上是不大说得通的。而他们之所以会有这些说法，是因有感于那时南宋国势愈益危弱，于是便把注意力集中在实际的事务上，希望通经术以致用，但他们实际上并未有重要的事功表现，却以重视事功为理由来反对心性之学，这未免是本末倒置。

朱子的门人弟子是两宋儒者中最多的，但大多死守朱子的说法，能有创发性见解的人很少，其中较为重要的有蔡沈父子、黄干及陈淳等。稍后有魏了翁及真德秀，虽未曾及于朱子之门，但都宗朱子之学，成就则比朱子的门人弟子有过之而无不及。其中魏了翁的学问见解更是卓越不凡，并不为朱子见解所限。

陆九渊的门人也很多，当他在象山讲学时，来问学的学者共千余人，极一时之盛，但后来卓越有成的并不多，其中以杨简、袁燮、舒璘的成就较大。杨简天资高，最得陆九渊的真传，所以陆门弟子以他最有影响力。

朱陆的门人弟子一传再传，直到宋亡元兴的时候，固有文化受到战火摧残，儒学一落千丈。其中虽然有几位儒者在艰苦支撑，竭力维持学脉道统，他们的精神固然可敬，但在学理上并没有什么发展。儒学要到明代的王守仁起来，才有另外一番新面目。

四

原本《宋元学案》的篇幅很多，所叙述的人物共有一千多人，学派亦很繁杂，我们现在只能选择其中最具代表性的人物来叙述。比起原书来，分量实在太轻，遗漏太多。而且这些儒者所说的学理，都不是简单几句话所能够解释清楚的，所以在语译出来的各段落之后，常要详加解释，既要解释，便一定有编者的意见在，不能完全客观，亦不能完全采取原来的编著者（黄宗羲、黄百家及全祖望等）的意见。

我们现在不按照原著的以学案为主体的体例，而以人物为主，大体上每一个人物在原著中都占一个学案。其中周濂溪、张横渠、程明道、程伊川、胡五峰、朱子、陆象山等是两宋最重要的儒学大师，所占的篇幅较多，解释亦较为详细。其中朱子及陆象山两章的材料有些是在原本《宋元学案》之外的。关于各家的学问理论的解说，主要参考牟宗三先生的《心体与性体》（台湾正中书局）、《从陆象山到刘蕺山》（台湾学生书局）及蔡仁厚先生的《宋明理学·北宋篇》《宋明理学·南宋篇》各书。所用的《宋元学案》是台湾商务印书馆国学基本丛书版，又曾参考陈叔谅、李心庄《重编宋元学案》（台湾正中书局）及缪天绶《选注宋元学案》（台湾商务印书馆）。

一、胡安定先生瑗（993—1059年）

胡瑗，字翼之，泰州如皋（今属江苏省）人。他的先世原居陕西安定，所以学者称他为"安定先生"。胡安定七岁便能作文，十三岁时便读通五经。家贫，不能自给，他便往泰山（在山东省）和孙复、石介二人一起读书，生活很刻苦，常整夜不睡觉。他在泰山一住便是十年，中间未曾回家一次。每有家信来，他拆开看时，只要看到信上有"平安"两字，便不再看下去，立刻把信抛下山涧中，他是恐怕把信看完会扰乱自己切志求学的心志。今日泰山南麓有一座栖真观，便是他们当年苦学用功的地方，栖真观旁有一条投书涧，便是因为胡安定的投书而命名。他自信已学有所成后才下山。初时在吴中（今江苏苏州吴中区）教授经学，后来名臣范仲淹知道他是有学有德的大儒，于是便聘请他做苏州州学教授。范仲淹的儿子亦向胡安定问学。后改任湖州（属浙江省）教授，他在苏湖地区任教共二十年，他的教法，后来被政府采用于京城的太学。后来他被召入京管理太学，四方学者蜂拥而来，使馆舍不能容纳。他一生教过的弟子共有一千七百余人，大都是有用的人才。他教学生，能以身作则，虽是大热天，也一定穿着整齐，严格执行师生的礼仪。他视学生如自己的子弟一般，学生亦爱他如父兄。他教学的内容非常详备，分经义、治事两门。凡是志气远大，聪明通达，可当大任的，便使他们明六经义理。治事则一人各专攻一科，又兼修另一科，有政治、军事、水利、历算等科，很像现代的分科教育。他要学生住在一起，使他们常常互相讨论，亦常召见学生，要学生说心得，而亲自裁定对错。他能顺各学生的禀性高下、兴趣所近来教导，所以他的学生大多成材。当时主管考试的礼部所录取的人才，十之四五都是他的学生。他的学生都有一种特别的风格和气度，当他们走在街上，别人一看，便知道是胡先生的学生，可见他的感化力的伟大。闽县（在福建省）刘彝是安定的高弟（出色的弟子），后来宋神宗问刘彝："胡瑗和王安石（神宗时的宰相）两人，哪一个比较好呢？"刘彝答道："我的老师胡瑗以道德仁义来教东南诸生时，王安石还在为科举考试而努力读书。我听说过，圣人的道，有体（根本），有用（作用），有文（显现于外的条理仪文）。君臣、父子、仁义礼乐，是永不改变的，所以是体；《诗》《书》、史传，可做后世的典范，乃是文；而将这些道理典范运用到天下国家上，使百姓都能安居乐业，便是用。我朝（宋朝）几代以来的开科取士，都不以体用为主，而只崇尚浮华的辞章，所以社会风俗愈来愈浇薄。我的老师深切了解这毛病，于是以明体达用的学问来教授学生，辛勤二十多年，从苏湖地方而至太学，经过他教导的学生不下数千人，今天学者之所以能明白圣人之道，都是胡先生的功劳，王安石哪能比得上呢？"

刘彝虽是胡安定的学生，但这段话说得十分公允，并无半点溢美，由此我们也可以知道教育的重要性。胡安定先生首先是苦学十年，然后是献身教育二十多年，终于为国家培养出许多的人才，而且也扭转了当时的学术风气，以至社会风俗，他实在是一位伟大的教育家。从胡瑗开始，儒学才真正在宋代复兴。

胡安定的著作有《周易口义》及《论语说》等。下面选录几条胡安定的《论语说》：

"子贡之所以说孔子是没有人能及得上的（好像天不能用梯子爬上去一样），是要特别强调孔子的伟大。但其实孔子也是经过多方的学习，以及向许多人请教，才成为圣人的。"

"朋友是辅助自己向上，使自己养成良好品格的，因此，不能交不能使自己向上的朋友。孔子曾说，我死后，子夏会日益进步，子贡则会日益退步。因为子夏喜欢和比他好的人相处，子贡则相反。"

"子路每次听到了孔子的教诲，便一定要实行出来，如果他一时还未能实行，便害怕再听到孔子的教诲。其实不只是听到孔子的教诲要这样，听到或看到任何好的言语、好的行为，都要这样，马上实行。"

在胡安定众多的弟子中，最能承继他的学问和志业的是徐积。

二、徐仲车先生积（1028—1103 年）

徐积，字仲车，楚州山阳（今江苏淮安市淮安区）人。他三岁时，父亲便去世了。他侍奉母亲，极为孝顺。当他还是小孩子的时候，有一次因为要见一个官员，母亲要他穿着整齐的公服，他忽然想到："见贵官人，尚且要穿公服，哪有早晚见母亲而不穿公服的呢？"于是自此以后，他每天早上起来见母亲时，都穿上公服。母亲家里的姑嫂看到了，无不大笑，但他却更为恭谨。他后来说："我的持敬（集中精神，不敢怠慢），是在这个时候开始的。"又有一次，母亲叫他去买食物。他首先经过一间肉店，正想要买肉，但随后想：先买好别的东西，再回头买这店的肉吧。当他买好了别的东西后，发现了一条回家的捷径，而在那条路上也有肉店，于是他便要抄快捷路径回家，但他忽又想到："我原初是决定要在先前那一家买肉的，现在却在这边买，不是欺骗了'初心'吗？"终于他又绕回去到先前那肉店买肉。后来他说："我的守信，是在这时开始的。"

徐积后来跟随胡安定读书，当他初次见胡安定时，头稍微歪了一点，胡先生很严肃地说："头的样子要直！"徐积猛然警醒，心里想："不只头要直，心也要直！"此后他心里便不敢存有不正当的想法。他在安定门下读书时，生活艰困，衣食简陋。安定命门人接济他，但他不肯接受，只是专心于学业。他后来对人说："我在安定门下，所得到的实在太多，所听到的安定的话，到现在一个字也不敢违背。"

当他入郡参加考试时，把母亲也一起带去。后来母亲去世，他在墓旁结庐而居，共三年之久。每逢下雪的晚上，他便哭着问母亲是否寒冷，就好像母亲还在世一般。他的手脚常被冻裂了，但毫不在意，不肯离开母亲的庐墓。当时远近的人都被他的孝心所感动，称他为"节孝先生"。他的乡里中人，更把他看作神明一般，凡有争讼，都来请他仲裁，而不肯去官府。他曾任楚州（今江苏淮安）教授，也像胡安定一样，造就了许多的人才。他在教学生时，常在空中写一个"正"字，然后说："我在胡先生处，学会了这一个字，结果一生都受用不尽。"

徐积的著作有文集三十一卷，另有语录。下面是他的《论学要语》：

"人要先养好自己的气概，气概能养好，精神便会完全，写起文章来，便会刚劲而明敏。做事，也能果断，这是所谓先立其大者（先树立起重要的）。人的文章，一定和他的气一样。班固的文章固然很好，但文章的格调和顺，便不及司马迁的严毅。"

"思不出其位（不要想那些不是自己的职位范围之内的事情）这话是专门用来告诫在位的人的，至于读书人，则什么也要想，什么也要说，因为读书人没有专职，可以专志努力于寻求理想的实现，若说思不出其位，便是自甘于浅陋，自暴自弃。"

徐积赞成孟子的性善论（主张人性是善的理论），但也注意后天的行为习惯对人的影响，他说：

"人性固然是善的，但后天的习养却有善有恶。人性便如同苗一样。所有的苗应该都是可以长成禾的，但若是被杂草夺去了养分，苗便会枯死，所以耕种的人要除去害苗的杂草，而人也要消除损害本性的不良的积习。人很少能够只靠自己便能清除恶习而养性的，所以便需要师长的教导，礼义的感化。所以人性固然本来是善的，但后天的行为习惯，则是有善有恶的。行为习惯久而不变，那人的善或恶便固定了。所以成为君子或成为小人，都是人自己的行为习惯所做成的，我们对于这个不能不谨慎。"

徐积所说的养气，要对天下事无所不思，无所不言，以及讨论人性及修养等问题，已经涉及了儒家思想的内部问题，就讲学的内容看来，他已经比胡安定推进了一步。

三、孙泰山先生复（992—1057年）

　　孙复，字明复，晋州平阳（今山西临汾）人，曾四次参加进士考试，都不幸落第。于是他便退居泰山，专心研究《易经》和《春秋》，著有《易说》及《尊王发微》十二篇。当时有一位学者，名叫石介，他在学问上已经很有成就，但不肯自足，特地从徂徕山到泰山，拜孙复为老师。他对孙复严执弟子的礼数，孙复坐着时，他便站在旁边；当孙复起来行动或对别人行礼时，他必在旁扶持。当地的人一向都很尊重孙复和石介，见到他们这样相处，才知道老师和弟子间相处的礼仪是多么的严谨敬肃，这对当时社会风尚的转移起了很大的作用。当时有一位李迪先生，是卸任的宰相，见到孙复已行年五十，仍无家室，于是便要将自己的侄女嫁给他。孙复起初不肯答应，但后来因为李迪的坚持，便答应了，说："宰相的侄女不嫁公卿子弟，却甘愿嫁我这个山野贫夫，也是一件可以砥砺风俗的美事。"他这位夫人后来也真能安于淡泊的生活，甚得当时人的敬重。

　　后来石介在朝中任官，极力推崇他的老师，又得范仲淹、富弼等大臣的推荐，于是朝廷便起用孙复任国子监直讲（官名，在太学教授经学），当时胡安定也正在太学中。胡安定及孙泰山的性格很不相同，胡安定好比冬天的太阳，人人都乐于亲近，孙泰山则是夏天的太阳，人人感到可畏。孙复在朝任官的时间不长，因有人说他对经书的讲解不同于以前的儒者，便被罢职。后来再受人推荐，重任直讲，但不久便去世，年六十六。当他病重时，宋仁宗命令祖无择（孙复弟子）把孙复所著的书抄录起来，交秘阁（皇室图书馆）保存。

孙泰山先生在朝为官的时间不长，谈不上以经术来治世。他最大的成就，是在退居泰山时的著书及教授弟子。他和胡安定为同学，《宋史》说胡瑗对经学的研究比不上孙复，可见孙复对经学研究的精深。欧阳修曾说："孙先生的《春秋》研究，并不受传统的注解所困惑，不作不合理的解说，言语简易，借着对春秋时诸侯大夫的是非功过的讨论，以判断当时的治乱盛衰，又由此而阐明理想的政治的意义，十分切当，可说是得经的本义。"

四、石徂徕先生介（1005—1045 年）

石介，字守道，奉符（今山东泰安市泰山区）人，学者称"徂徕先生"。他很早便中进士，历任郓州（属山东省）、南京（宋以应天府为南京，在今河南商丘）推官（节度使的僚属）。他为人好学，有大志，乐善疾恶，遇事，奋然敢为，曾因论事与朝臣意见不合，被罢职。后父母去世，他便在徂徕山（在今山东泰安）下自耕自食，以《易经》教授弟子，又往泰山拜孙复为师，共同弘扬儒学及师道。这时他虽身在民间，但仍念念不忘天下事，又能救助有难的人，曾埋葬了七十多个没有人料理后事的死者。后来再入朝廷任国子监直讲，跟他学习的人很多。他对当时流行的佛老学说及浮文都十分厌恶，曾作了《怪说》三篇来攻击这三者，说："必须消灭这三样东西，天下才有可为。"他又写了一部《唐鉴》，借唐代的史实来警戒当代，言论非常激烈，无所顾忌。后来仁宗任用范仲淹、韩琦为宰相，许多贤臣得居要职，而一些权臣则被罢黜了。石介十分高兴，作了一篇《庆历圣德颂》来颂扬天子贤臣，斥贬权臣，引起了一场大风波，为权臣夏竦所衔恨。当时孙泰山也说他做得过分。他因而感到不安，便自请出外任地方官，但不久便去世了，年仅四十一。当时有一个名叫孔直温的人阴谋叛乱而被捕，在孔直温的家中搜到了石介写的信件，当时夏竦想趁机报复，便说石介诈死以避祸，其实已逃往北方，投靠异族，请朝廷下令开棺检验，幸而得几位大臣保证石介已死才没事。

石介家境素来十分贫困，他死后，妻子儿女衣食不继，幸得韩琦及富弼合力买了一些田来赡养他们。

在宋初的几位著名的儒者中，石介最有勇者的风格，他在朝中，激烈地批评时事，虽为权奸所忌，但毫不退缩。在学术方面，他对佛老及浮文的攻击，更是不遗余力。原来中国从东汉以后，本来作为思想的主流的儒家学说渐受人忽略，佛教及道家的学说日益流行。佛老的学理及修养方法，固然也是很有价值的，但对正常的人伦生活并不能有积极的肯定。儒家重视的人伦教化之道，一直是人间生活的纲维，现在一旦让位给佛道，那仁义之道便黯然不彰，而伦常教化也日益不为人所重视。宋代学者眼见唐末五代时的政治黑暗，伦常教化也荡然无存，于是便要重兴儒学。既要重兴儒学，那么对流行了几百年的佛老之学，便一定要加以批判，以显出儒学是人生的正道。所以石介在这时便对佛老大加攻挞，必欲去之而后快。他说："尧、舜、禹、汤、文、武、周、孔之道，是万世常行，不可改变的；而佛老却以妖妄怪诞的说法来扰乱它，杨亿则以淫巧浮伪的文辞来破碎它。"杨亿是北宋初年文坛的名人，他的文章号称"西昆体"，专门雕饰文句，浮夸艳丽，造成当时奢靡的文风，所以石介便力加评斥。

石介对佛老及浮文的攻击，正好替后来的理学家作了开路的先锋，虽然他的批评有时未免稍微过火，但这是时代的要求使然，在举世还习染于佛老之学及浮华辞章之际，要复兴儒学，便必须有勇者出来冲锋陷阵，如孟子在战国时的力斥杨墨，韩愈在中唐时的力反浮文，谏迎佛骨。石介一生便是佩服上述两位，以他们作为自己行事的楷模。他曾说："今天下大道榛塞（阻塞不通），我常盼望有孟子及韩愈等大贤出来，清理荆棘，驱除妖妄，使大道再通行无阻。"这正是他自觉要担承的责任。

　　古语有说：大厦要倒，并不是一根木柱所能支撑的，许多人便以时势衰微，不是一人的力量所能挽救为理由，坐视国家危亡而不救，石徂徕最反对这种说法。他说："道虽大坏，一个人就可以把道保存住；天下国家大乱，一个人就可以匡复过来。古语云大厦将倾，不是一木所能支，那是弃道而忘天下国家的说法。眼见大厦将倾，而不加援手，任由它倒下去，实在太不明智了。那些说要量力而为，形势许可做才做的人，实在是苟且偷生之辈。"从这段话可见石徂徕任道之勇，志气之高。

　　欧阳修所写的《徂徕石先生介墓志铭》说："石先生遇事愤然敢为，所作的文章，都深论古今成败的原因，以切合当世。对于是非善恶，贤愚忠奸，都直言无所顾忌。虽然因此而受群小围攻，要置他于死地，但他仍是勇往直前，毫不退缩，说：我们本来便应该这样做的，我的勇敢，超过孟子了。"

五、范文正公仲淹（989—1052年）
（附戚同文、范纯仁、富弼）

范仲淹，字希文，两岁时便丧父，母亲携着他改嫁，跟随了后父姓朱。他自小便很有志气，长大后，知道了自己的身世，便哭着辞别了母亲，恢复范姓，到应天府睢阳书院读书，这书院是五代时戚同文所创建的。戚同文也是一个孤儿，由祖母抚养成人，读书过目不忘，又勤奋，常不肯休息，那时是五代的后晋末年，天下大乱，战火连天，他希望天下能重归太平一统，便改名同文。他不愿意在乱世出仕做官，而创建睢阳书院，讲学论道。许多学生都不远千里而来。他的为人淳厚诚信，乐于助人，一生不积财，不建房子，把所有的钱财都用来赈济贫病老弱的人，在冬天，常常解下自己的衣裘来送给没有寒衣过冬的人。戚同文这种坚毅好义的品格，深深地影响了范仲淹。范仲淹在应天读书时，生活十分贫困，冬天时读书读累了，便用冷水洗面，食物不够时便喝稠粥，每天煮一锅，冷却后，便划开分为几块，早中晚都是吃这些。虽然是这样的困苦，但他仍力学不辍。不久，他便中了进士，就立刻把母亲接了回来奉养。此后他便一直任官职，曾领兵抵抗西夏，号令严明，西夏人不敢侵犯。后与韩琦一同入朝为宰相，上《十事疏》以作政治改革的根本，史称"庆历变法"。可惜被自私好利的朝臣攻击，改革的法令不能推行，于是他便辞去相位，再领兵抵抗外族，不久卒，年六十四。

范文正学通五经，尤其对《易经》最有心得，许多学者都来向他请教，他一面从政，一面讲学，毫不感到厌倦。他为官所得的俸禄，大部分用来资助各地的穷读书人，所以读书人都归心于他。据说孙复早年时候也得过他两次的帮忙。他在做秀才时，便以天下为己任，曾自说他的志愿是："先天下之忧而忧，后天下之乐而乐"，这两句已成为流传千古的名言。当时的士大夫都受到他的影响，重视志节操守。他的性格内刚外和，泛爱乐善，曾设置义田，以供养族中的贫困者。他曾教训子弟说："范族中的人，我们现在看起来，虽然有亲有疏，但在我们的祖先看起来，是没有亲疏的分别的，如果族中有人受到饥寒，祖先一定不忍，如果我们现在不救助宗族，他日有何颜面见祖先于地下呢？"在宋初诸儒中，范文正最以节义著名。

前文说过，胡安定能在苏州湖州教授学生，是因为得到了范仲淹的支持，而孙泰山能在太学任教，也是由于范仲淹的推荐。可以说，胡、孙二位能够在教育上有伟大成就，都是和范仲淹的支持有关。而后来成为理学大师的张载，也是因为得到范仲淹的指点才立志向学的。张载少时喜欢谈论军事，二十一岁时曾上书范文正，想从军报国，范文正一见到他，便知道他器度深远，可成贤才，便对他说："儒者自有名教（五伦之教）可乐，何须要谈兵呢？"便送了一部《中庸》给他，要他好好研读，于是张载才立志明道，成为大儒。

范仲淹节义过人，他几个儿子都受到他的陶冶，无论为官治学，都卓然有成，而且品行淳厚，至诚感人。其中次子范纯仁最能承继家学，虽位至宰相，仍然如未做官时廉俭，俸禄所得，全部用来扩充义田，赈济贫弱。虽几次遭权臣攻击，但依旧以忠恕待人，绝不记恨，范纯仁曾说："我平生所学，便是忠恕两字，这两字我一生都受用不尽。"他常教训子弟，要"以责人之心责己，以恕己之心恕人"。又说："读六经时，每读懂一个字，便要实行这一个字所说的，不论在什么时候，在什么环境，都要如此做。"因此范氏的家风，很久都没有衰败。

范仲淹的弟子中，最有名的是富弼，他从小便专志学问，度量很大。有人骂他，他装作没听见，如果有人告诉他，他便说："恐怕是骂别人吧！"那人说："他骂出你的名字呢！"富弼便说："你知道天下间没有跟我同名同姓的人吗？"他曾出使契丹，签订和约，任枢密使（掌管全国军事的官职），后和文彦博一同任宰相，天下称为"富文"，卒年八十。

六、欧阳永叔先生修（1007—1072年）
（附刘敞）

　　欧阳修，字永叔，庐陵（今江西吉安）人。宋仁宗时进士，任官至枢密副使，拜参知政事（副丞相）。神宗时任兵部尚书，因为和王安石政见不合，遂退职居家，卒谥"文忠"。

　　欧阳修四岁丧父，由母亲郑氏守节抚养。家贫，没有纸笔，他便用荻在地上来学字，终于勤苦有成，不但在政治上很有成就，更是当时的文坛领袖，为"唐宋八大家"之一。北宋初年，文坛上流行着唐末五代的人所喜爱的骈体文，唐代韩柳的古文已不受重视。欧阳修在旧书堆中找到了韩愈的文集，看过后爱不释手，从此便立志再提倡古文。后来他主持科举考试，极力提倡平易而言之有物的古文，凡是写险怪奇涩的文章的人，都不能中选，于是文风大变，由此产生了宋代的古文运动。他对于推举人才、奖励后进，十分热心。

　　欧阳修虽是文学大师，但他并不满足于作为一个文学家，他说："文学只可以滋润自己，政事则可以及于外物。"所以他的古文运动，和唐代的韩愈一样，贯穿了伦理教化、兴正学斥浮伪的理想。唐朝的韩愈一面提倡古文，一面则辟（立论攻击）佛，希望恢复儒学在思想界的主流地位，要"人其人、火其书、庐其居"（使出家人还俗，禁止佛经的流行，把佛寺改为庐舍），言论非常激烈。欧阳修也反对佛学，但他的态度并不像韩愈那样激烈。

他主张"修其本以胜之"，他认为佛教之所以能传入中国，是因为中国本身的政治及教化的衰落不上轨道。本身一旦衰弱，外来的文化便会乘虚而入。所以他认为，要反佛，必须要从根本上下功夫，能修好自己的根本，外面的文化便不能入侵。而所谓修本，即是要恢复古代的礼义之教，兴学校，使政教修明，人人心中有主，那佛学便无足惧。他把这意思写成《本论》三篇。欧阳修这番理论远比韩愈的合理，所以他这《本论》一出，韩愈的主张便很少有人提起。

欧阳修的理想是修明政教之本，而他一生在学术上的努力则在文学及史学上。对于儒家的内圣之学及形而上的思想，他着力并不多。他不喜欢讨论人性是善是恶的问题，他说："关于人性的讨论，并不是学者急务，孔子很少谈及这方面，《易经》六十四卦只说动静得失的常理，没有说到人性。《春秋》则是二百四十二年间善恶是非的实录，也未曾言性。"欧阳修认为明道德倡教化才是当务之急，何必定要讨论人性是如何的呢？他这种态度自有可取之处，也可以矫正一般只会空谈心性，不能力行的人的毛病，但论心性与天道，是要说明实践道德的根据，在理论上是非常重要的，要讲明这些，才可以立教，且儒家自古便有这方面的理论，欧阳修的说法未免稍微偏颇。

欧阳修有一位友人刘敞（字仲原，学者称"公是先生"），便不同意欧阳修的不喜欢讨论心性的态度，下面选录一些他们两人对人性问题的辩论：

永叔说："认为人性是善的，礼乐教化之道并不可废；认为人性是恶的，礼乐教化更不可废；认为人性是有善有恶的，礼乐教化之道仍然是不可废。那么，我们又何必再讨论人性的善恶呢？"

刘敞说："仁义是性，礼乐是情，如果没有情，便不会作礼乐，如果没有性，便不会明礼义，所以性是根本。若不去说它，便好比希望水流得远，但却去阻塞了它的源头；希望吃到果实，却去伐断它的根，实在是自相矛盾的。"

永叔说："如果人性是善的，那么为何孔子会说只有上智及下愚的人是不会改变的呢？（意即从孔子这话，便可以知道孔子并不是主张性善的。）"

刘敞说："智和愚的分别并不就是善和恶的分别。虽然是下愚的人，也一样可以为善。所谓善，是亲爱亲人和尊敬长辈而已，是所有的人都可以做到的。"

从这些讨论看起来，刘敞对于儒家义理的研究是远比欧阳修深刻的。刘敞又曾说：

"没比性为更善的，人的求学，便是要尽(充分实现)自己的性。去学尽性但不能做到的人确是有的，但不学而自然能尽性的人便是没有的了。性好比弓，而学则是力，即使是最好的弓，若不用力去拉它，也不能射箭。所以，若不能射，不是弓本身出了问题，只是用力不够。"

人性无有不善，只是学力有不到，所以不能尽性，刘敞这种说法是非常精切和可贵的。

七、司马温公光（1019—1086年）

司马光，字君实，陕州夏县（今山西夏县）人。他七岁时便有成人的风度。有一次听到别人讲解《左传》，他很是喜欢，便将听到的文意转述给家人听，居然已能说出大概的意思。有一次他用石击破大瓮救出小朋友，更显出他智慧的早熟。他在仁宗时中进士，年仅二十，便历任中央官职，甚得皇帝信任。后来神宗用王安石变法，司马光不赞成，和王安石力争，于是造成新旧党争。当时神宗希望兼用王安石及司马光，于是任用司马光为枢密副使，但司马光认为自己的意见既不被接受，自己便不应再任重要的职位，坚决离开朝廷，转任地方官。此后十五年间，他绝口不谈政事，全力编纂史书。神宗驾崩，哲宗幼年继位，由太皇太后高氏听政，起用司马光为宰相。当时的契丹及西夏两国君主都告诫驻兵在边境的将帅说："司马光为宰相了，千万不要随便生事。"可见他声望的崇高。司马光为相后，立意要以身许国，从早到晚处理政务，不肯休息。这时他已年老体弱，亲友都劝他保重身体，但他说："生死有命，不是人力所能改变的。"更努力从事，不久便发病，临终仍不自知，虽神志不清，但仍念念不忘国事，卒年六十八。他的死讯传出后，自太皇太后以至贩夫走卒，没有不悲伤痛哭的。朝廷追封他为太师温国公，所以后世称他为"司马温公"。

司马光与王安石争新法，是北宋时的大事。王安石以为只要建立起完备的制度，便会有良好的绩效。司马光则认为不能空谈原则，说制度，而要重人事，因应实际的情况，逐步改良。司马光的政治见解，是由于他对历史的深刻研究而来的。他用了十九年的时间编纂了一部通史，当时宋神宗认为这部书很有价值，可以作为治理国家的参考，于是给它起了一个名字，叫《资治通鉴》。这部书在史学上的成就很高，可以和司马迁的《史记》相媲美。

司马光的人品极为光明峻伟，他曾说："我平生没有什么过人的地方，只是平生所为，未尝有不可对人的。"这话看似容易，但要实行起来，实在非常困难。事事都可以对人，即是平生所做的任何事，都是光明磊落的，没有半点隐私。当时的大文豪苏东坡便说司马光一生都不妄语。我们一生，妄言妄语的时候真不知多少，甚至在一天之中，便乱说了许多话。而司马光却一生不妄语，这种持敬的功夫，实在可敬。当他在朝中任重要官职时，他的家人常见他夜中在床上坐起，执着上朝用的手版，端坐很久。人问他是何缘故，他说："我那时候忽然想起天下国家的事情，凡想到有关于天下国家的事情，又怎可以不端正庄敬呢？"他这种做法，在一般人看起来，一定觉得太迂腐了。他有一部著作，正好叫做《迂书》。一般人都习惯于随便放恣，所以认真的人便会被人认为迂。其实那才是真正的生活。不妄语，无事不可对人，便是真实、踏实，没有一点虚妄。司马光曾问邵雍："你认为我是怎样的人呢？"邵雍答："你是脚踏实地的人。"这"脚踏实地"四字，可说是司马温公的最佳写照。

由于他的脚踏实地，表里如一，所以他的人格有极大的感召力。当时的老幼妇孺，都知道有一位司马君实先生。当神宗皇帝驾崩时，他从洛阳赶到京城（开封），城门的卫士远远见到是他，都把手放在额头上，表示庆幸。路上的百姓都纷纷围上来，对他说："先生不要回洛阳了，请留在京城，帮助天子，存活百姓吧！"当时陕洛的人若犯了过错，都会说："可别让司马君实知道。"可见他感人之深。

下面引录《迂书》中的几段，以见他论学的意见：

"树木如果只种植了一年便去砍伐来用，所得到的木材，只能充作薪柴；若三年才去砍伐，所得的便可以用来做木桶；若五年才砍伐，便可以做楹柱；若十年才伐，便可用来做栋梁。这不正是迂的道理吗？"

这即是说愈不急功近利，愈会有大成就。

"人说话不可以不庄重。你看那钟鼓，有人去叩它，才会发出声音来，虽然声音很响亮，但人人都不会感到奇怪。若是没有人叩它，它却自己发出声音来，那所有人都会说它是妖怪。所以人要在该说话的时候才说话。但若是在可以说话的时候，却不说话，那便像废钟一样，虽叩它，也不会发出声音，再也没有什么用的了。"

"道好比山一般，愈上去便愈高；亦好像路一样，愈行便愈远，学者亦只得随着才力的大小而停止在某一境地。若不是圣人，便不能穷尽道的高和远。"

"小人治迹，君子治心。"

"礼是行为的法则，依照礼去行，便没有事是行不通的。义是适宜，守着义，便没有事是不合宜的。"

"人如果厌倦他所已有的，而羡慕他所没有的。未得时便羡慕，一得到便厌弃，又要求新，那便会无恶不作了。"

这些都是很平实的话，都是他一生修养的心得。他另有一部著作，名叫《潜虚》，是探讨心性之学的，但所讨论义理并不是很深入，所以不在这里介绍了。"

八、邵康节先生雍 (1011 — 1077 年)

(一)

邵雍,字尧夫,学者称他为"康节先生"。他的先世是范阳(今河北保定和北京一带)人,后迁居衡漳(在今河北省)。他的祖父及父亲都是隐居不肯出仕的饱学之士。幼年时,他随父亲迁居河南。他自小便很有志气,认为"先王之事必可达致",要在当世建立一番功业,于是勤苦力学,冬天不用炉火,夏天也不用扇,白天不多吃,夜里也睡得很少,终日埋头在书本中。后来感到读书虽多,但未能游历四方,见识仍不算广博,于是他便遍游各地。当时有一位学者,名叫李之才,见到邵雍好学,便教授他《易经》象数之学(以《易经》的卦象的条理来推断天地万物的条理的学问)。邵雍很用心地钻研,对这方面很有心得。当时他所住的是不能蔽风雨的破房子,但他却怡然自得,别人都不能了解他的学问及修养究竟到了何等的地步。后来司马温公、富弼和吕公著等退居洛阳,为邵雍买了一座宅院。他外出时,坐一小车,由一个仆人挽着随意行走,当时的士大夫听到车声,都争相来迎接他,就是童稚小孩及仆役工友,看到他来时,都说:"我家先生到了!"都不称他的姓名。无论遇到什么人,他都待以真诚,和人一起群居燕饮,终日言笑,十分和洽,他不会因为自己学问博、修养高而表现得和别人不同。他只会说别人的长处,而绝不说别人的短处,所以有德行的人都佩服他的品格，而品行较差的人也喜欢他的率真。人和他相处愈久，便愈佩服他。当时的大臣都一再推荐他任官职，但他都不肯就任。他只以学问来滋润自己的身心，而不肯将所学实施在政治上，这在宋儒中是很特别的，大概是受了他祖父及父亲的影响。当时人说他很像道家的隐士，而不像一个儒者。但他也不是对天下事都漠不关心，当王安石行新法时，邵雍的一些门人及朋友都感到新法扰民，而要辞职，邵雍却劝道："现在正是各位尽力的时候，你们如在推行政令时，能宽得一分，百姓便得到一分的好处了。"又据说他因为精于象数之学，所以能预知未来的事情。有一次他在天津桥上听到杜鹃的叫声，便惨然不乐地说："不出两年，南方士人便会入朝为宰相，天下便从此多事了。"人问他是根据什么而这样说的，他说："天下将治，地气便从北向南行，天下将乱，地气则从南而北。现在是南方的地气到了，杜鹃已感觉到从南方来的地气。"果然不久王安石便入相，北宋党争不息。

当邵雍病重临终时，神志仍然很清明，朋友们来探病时，他还能和他们谈道论学，甚至开玩笑，并不把生死放在心上。张横渠来问病，和邵雍谈命，他说："天命我是知道的，至于世俗所说的命运，我就不得而知了。"程伊川说："先生到现在这个地步（指病重），别人已无能为力了，希望你自作主张（请他自己主宰自己）。"他说："我平生学道，哪会不知道这个的，但其实亦无可主张。"这是顺其自然的意思。伊川说："从此便永别了，不知有什么要指教我的？"邵雍便把两手举了起来，伊川问是什么意思，他说："面前的路径须宽阔，若是路径狭窄，连自己也不能容身，又怎能让别人行走呢？"这"无可主张"及"路径宽阔"

便是邵康节一生治学及实践的心得。后来朋友们在外边商量他的后事，他卧病在内室，却能听得清楚，并把儿子邵伯温召来，表示意见说："诸位先生想葬我在近处（洛阳），我觉得不好，应葬在祖先坟地的附近。至于我的墓志铭，一定要请伯淳（程明道）来写。"他卒时年六十七，后谥号"康节"。

（二）

邵康节主要的著作是《皇极经世》。这书用一套数理公式来说明宇宙万物的条理，构作出一套统摄天文、历法、音律，以及古今历史演变的大系统。他用《易经》所说的太极生两仪，两仪生四象，四象生八卦，八卦相重而为六十四卦来说数理。

他以阳为奇数，阴为偶数，依次相乘相加，便可衍生一切数和用数来概括宇宙人生的一切事情，由阴阳动静刚柔的相对相交和相变化，便可见到天道在其中创造生化。他又以易卦配应日月星辰的运行，说整个宇宙的运会变化的历程一共为十二万九千六百年。这些数理的推演，似乎稍微机械化，也未必真能解释宇宙人生的各种现象及事情演变。他这套易理之学，夹杂有汉代的象数易学及道家思想，并不纯粹是儒学的义理，所以虽有人把他和周濂溪、张横渠及二程并列，称"北宋五子"，但后世并不以他为纯正的儒者。当时二程和他交往很密，说他是振古之豪杰，但也并不欣赏他的象数之学。

邵康节以象数来说宇宙万物的目的，是要人在观天地万物时，能明白天地之道，而这观天地万物的心，便可以囊括万物的造化，即一切的事物，天地的造化，都收摄在当前观物的心中，而人的精神便可与天地相合，而有最大的快乐，这才是他学问的用心所在。这意思可从《皇极经世》中的《观物内外篇》里见到，他说：

"能观物的是心，而心只有人才有，所以人便为万物之灵。人的心之所以灵于万物，是因为他的眼可以摄收万物的颜色，耳可以摄收万物的声音，鼻能摄收万物的气息，口能摄收万物的味道。声色气味便是万物的体，而耳目鼻口便是万人的用。虽然人只是万物中的一物，但他可以摄收一切物的声色气味，所以人这一物便可包括一切的物。世上的人也有许多，但圣人则可以体会一切人的情，那么一个圣人便可以包括一切的人。所以人是万物之中最完全的，而圣人则是一切人中最完全的。圣人能用他的心来观一切人的心，以他的身来观万身，以他自己所处的一世来观万世。圣人能以心来表达天的意思，以口来表达天的言语，以手来表达天功，以身来表达天事。他能够上识天时，下尽地利，中尽物情，明通人事，所以圣人便能与万物合一，而有无限的意义和价值。"

"我所说的观物，并不是用眼去观物，而是用心去观物；再进一步，也不是用心来观物，而是以理来观物。圣人之所以能体会到万物的真实情况，是因为他能反观。所谓反观，意思是说，不以我来观物，而是以物观物。若能以物观物，又哪会再有一个我在其中呢？"

邵康节的意思是，当人能顺理的时候，便可以忘我，能忘我，便可以体会万物之情，而与天地万物合而为一。这时圣人的心便是能体万物的心，而不是一颗属于个人的心，这也可以说是无心，而只有一切的物。物即是我，我即是物，所以不是以我观物，而是以物观物。所谓以物观物时的观，并不是观察了解，而是与物合一，和天地息息相关的一种生命境界。

邵康节这种观物论实在是一种极高的修养功夫，由观万物的理，察天地之变，明历史的运会，使人的精神从形躯小我中振拔出来，游观天地万物，古往今来。于是人生命中的一切意见、执着、念虑，都被消化了，这时人的生命便是和万物合一的生命，心中便会充满着悦乐。这种观物之学，邵康节自己是真正能受用到的，所以他的生命洋溢着与造化合一，和万物无间的悦乐之情，他把所住的居所称作"安乐窝"，又自称"安乐先生"，几十年来，别人从没有见过他皱眉头。他曾说："学不至于乐，不可谓之学"，然而我们要明白，这种乐是无意无我，浑然和万物为一的精神上的大自在，而不是欲望得到满足那样的快乐。

九、周濂溪先生敦颐（1017—1073年）

（一）

　　周敦颐，字茂叔，道州营道（今湖南道县）人，少孤，由舅父母抚养长大，后任分宁县（在江西省）主簿（主管文书的官职）。当时有一件案子审讯了很久仍未能了结，周敦颐一去处理，便马上断案。后来任南安军司理参军（地方军将的僚属），当时有一个地方上的高级行政长官名叫王逵，把一个罪犯判得太重，本来不该死的，却判成死罪。当时各属吏都不敢争，只有周敦颐看不过去，极力争辩。初时争不过王逵，便马上要辞官，说："在这种情况之下，还可以留下来吗？用杀人来取媚别人，我是不能做的！"王逵听了感到很愧疚，便改变主意，那囚犯才保住了性命。后来周敦颐任南昌（在江西省）知县，南昌地方上的百姓知道是周先生来了，都十分高兴，说："那是一位能分辨分宁县狱案的大人，他来，我们这里便不会再有冤狱的了。"有一次他曾经大病，昏迷了一日一夜才苏醒，他的友人潘兴检点他的行李衣物，见到只有一个破箧，钱不到一百，可见他为官的廉洁。后任广东转运判官，管理当地的刑狱，虽是荒山绝谷、人迹罕至的地方，他都冒险前往，以清洗冤抑，但不久便生病，于是退居在庐山莲花峰下，把那地方命名为"濂溪"，所以学者都称他为"濂溪先生"。他卒时，年五十七。

　　濂溪在南安任职时，有一位程珦先生，见他气概非凡，便要自己的两个儿子跟着周濂溪读书。这两位程公子，便是日后的儒学大师程明道及程伊川，可见程珦实在有知人之明。南宋宁宗时，追谥濂溪为"元公"。

　　周濂溪的品格极高，黄庭坚曾说："濂溪人品甚高，胸怀洒落，如光风霁月。"程氏兄弟从学于濂溪时，濂溪常要他们找寻孔子和颜子的乐处（孔子曾说乐亦在其中矣，又说颜渊不改其乐）是什么。程明道曾说："自从再见周茂叔后，吟风弄月以归（感到自己的生命和大自然相融相合）。"又说："周茂叔窗前草不除，问他何故，他说：与自家意思一般（青草的生生不息，就如同自己的生命一般的有生机）。"可见濂溪的生命情调。后来朱子（名熹，字符晦）有《濂溪先生像赞》，最能表示濂溪的学问及人格：

　　"道丧千载，圣远言湮（湮没不显）。不有先觉，孰开后人？书不尽言（周濂溪著有《通书》），图不尽意（周濂溪著有《太极图说》）。风月无边（指程明道的吟风弄月），庭草交翠（窗前草不除）。"

　　程伊川有一个弟子名叫侯师圣，因未能明道，便往见周濂溪。濂溪说："我已经老了，便详细一点跟你谈吧。"于是一谈便谈了三日三夜。侯师圣再回去见伊川，伊川感到他的说话和往日大不相同，十分惊异，说："莫非你是去见过周茂叔吗？"可见濂溪的善于启发人。程明道曾说："我十六七岁时喜欢骑马打猎，在见了周茂叔后，便自己认为再也不会喜欢打猎的了。茂叔说：'哪有这样容易，只是这心潜隐未发而已，他日一旦萌发起来，便会和以前一样。'十二年后，我又见到人在打猎，心中自然便高兴起来，才知道这种嗜好之心仍未消除。"由此可见濂溪对生命的体会是很深微的。

（二）

北宋初期的儒者，如胡安定、孙泰山、石徂徕、范仲淹、司马光等，虽然都是品行纯粹、学问笃厚的人，但对于儒家义理的探讨，还未能进入精微的境界。所以北宋初期儒者的贡献，在政治及教育方面较多，而在学术义理方面则较少。可以说，在周濂溪以前，还只是宋代儒学的酝酿期。和周濂溪同时的邵康节，虽然在学术义理方面的讨论已很深入，但他只是从儒家所向往的与万化为一的最高境界上说，对达到这种境界的根本功夫——道德实践，却很少涉及。他是从象数推算中培养一种广大的心胸而体万物的，并不是从道德实践一步一步地由亲亲、仁民、爱物而和天地万物相感通的。所以严格说来，邵康节所显示的是一种智者的清明，而不是仁者的恻怛，所以康节的学问见解固然很有价值，但并不能算是纯正的儒者。从周濂溪开始，儒学的真精神才重新为世人所知，在这意义上说，周濂溪乃是宋代儒学的开山祖师。

之所以会说濂溪是宋代儒学的开山祖师，是因为从他开始，才把先秦儒学的真精神复活起来。在孔孟荀以后，汉代的儒者只能传授经学，着重经典文献的解说，而不重了解孔孟的真精神、真生命。在魏晋南北朝，首先是道家学说的再兴，以道家的玄理来了解圣人，混同儒道。跟着便是佛学的传入，在南北朝隋唐的六七百年间，大部分的聪明才智之士，都被佛学所吸引，所以儒学的真义少为人所知。当然在社会上仍然遵守着儒家所提倡的伦理教化，但那只是外表上、形迹上的遵从，对于圣贤的精神生命、儒学的内容、义理的精微，是全不能了解的。到濂溪出来，一下子便能把儒家之道指点出来，使儒学的真生命豁醒过来。所以元儒吴澄说周濂溪能"默契道妙"，黄梨洲说：

"周子的学问，以诚为根本。他从寂然不动处，把握到诚之本。所以他说：主静立人极。根本既立，道便由此而生，千变万化，都从这里出来。一切的不合理的念头，亦被这诚所消化，这诚的作用，是亦动亦静，无所不通的，这诚之道亦即是天之道。失传了千载的儒学真义，便在这里了。"

（三）

周濂溪的学问，主要是一个"诚"字，他认为诚便是天道，是一切存在物的根源。他说：

"诚，是圣人之本。《易传》上说的'大哉乾元，万物资始'（乾元是一切的开始）便是诚的根源。'乾道变化，各正性命'（乾元本身生起种种活动，而一切存在物亦因而得以存在），便是诚道的显现，这是纯粹至善的。所以说：'一阴一阳之谓道，继之者善也，成之者性也。'（促使阴阳变化的，便是道；能继承这道的，便是善；能成就这善的，便是性。）元、亨（元是开始，亨是向外通的意思）是诚的通；利、贞（利是往外通，贞是成的意思）是诚的复（建立）。《易经》的道理真是伟大极了，那是生命的根源啊！"

这是《通书》的第一章，很不好了解，所以我们要多费一点功夫来解说。"诚"是真真实实，没有半点虚假的意思。如果我们的心是真诚的，那我们自己才是一个真实的人，而世界才是一个真实的世界。而我们便可以体会到，天道亦即是这个诚，诚便是天道本身。

譬如说，我们大家都有父母，但父母和子女的关系并不只是血统上的关系，也是道德伦理的关系。如果我们对父母不孝，那虽然在血统关系上我们仍是父母的子女，但在道德意义上，我们已经不是父母的子女了。因为不孝，便没有实现子女的意义，没有实现子女的意义，即在价值上说便已不再是子女了。若真能对父母孝，那父母子女的意义才真正实现，才能真实化。对父母如此，对其他人及物也如此。当我们真心地对朋友，即把朋友看作真正的朋友时，朋友的意义这时才真正实现。真正敬师长时，师生的意义才真正实现。若我们没有这点真诚，那尽管我们在表面上对师长毕恭毕敬，或对父母捧茶递水，都是没有意义的，虽然在表面上有父子朋友等存在，但其实这些存在都是不真实的。这是内在的意义世界，我们必须要有这点体会，才能了解濂溪所说的诚的意义。

由于我们在以真实无虚假的心来对待父母兄弟朋友时，父母兄弟朋友等的意义才真正实现，那我们可以推广出去，说只当我们"诚"的时候，一切才对于我们是真实的。假如我们一生都是在昏昧虚假的状态下度过的话，那我们便不是一个真实的人，而我们所见的世界，也不是一个真实的世界。我们既是这样子，其他人也应该是这样子，所以，只有在"诚"的时候，人生才是真实的，有意义的。人生既是这样，那宇宙间一切存在的东西，应该也是这样的。虽然除了人以外，一切物都没有自觉，不能自觉地实现这意义，但一切物之存在，也是真实的，有意义的，而不是无缘无故、莫名其妙地存在。所以科学家愈去研究宇宙，愈发觉宇宙的奥秘；艺术家愈去欣赏，愈会了解宇宙一切存在物的和谐及完美。既是如此，那使一切存在物存在的创造的泉源（我们可先不管这泉源是什么，总之是肯定有一个使一切存在的泉源）也必然是以"诚"为内容的，即是真真实实的。因若不是真实的，便不可能生出这一切真实而又充满价值及意义的存在物了。于是，我们便可说，作为一切存在的根源的天道，也只是一个诚。我们从自己的真诚所实现出的意义，了解到诚不只是实现一切道德价值的根本原理，也应是实现一切存在的根本原理，所以我们可用诚来代表天道。

濂溪又说：

"圣只是诚而已，诚是五常（仁义礼智信）的根本，是一切德行的本源。"

一切的德行，都是以诚为根本，人能诚，便可实现天道，即在人的生命中实现天道的意义。这能实现天道的人，便是最完全的人，即是圣人。本来圣人是"人伦之至"，即是能充分实现人伦道德的人，而周濂溪以能体现天道说圣人，即是认为天道和人伦之道是同一的，圣人能实践道德，亦即是能体现天道，所以天道是以道德为内容的，而人的道德实践，亦即是天道的创造活动。

濂溪又说：

"诚是静无而动有（当诚不发用时，好像是不存在一般，但当其发动时，则又是真实存在）的，是至正而明达的（静时是至正的，动时是明达，无所不通的）。五常百行，若没有诚的话，全都没有意义。人若有不正当的表现，是因为他的诚被遮蔽了。所以只要能诚，便没事了，这本来是很简易的，但实行起来却又很不容易，只要人肯下定决心去做，那也不会难。"

这是说人人都可以实现这诚道，只要坚决去做，便会不受私欲的影响。濂溪又说：

"圣可以学吗？可以的。有要点吗？有，一便是要点，所谓一，便是没有私欲，没有私欲便会静虚动直，静虚便会明，明便会通，动直便会公正，公正便会溥（普遍），能明通公溥，便差不多了。"

人没有私欲，人生命中的诚便可以充分实现出来，而成为圣人了。但无欲只是消极的功夫，人是有生命的，不能不活动，不能不和外物接触，一旦和外物接触，心中便会动念，一动念，便会有善有恶。濂溪说：

"诚无为，几善恶。"

诚是静虚而动直的，由于是静虚，所以说是无为。而几则是心受外物所感而生起的意念，这几是很隐微的，心中微微动了一下，将要形成具体的或善或恶的意念，而尚未形成之际，便是几。要在这几上下功夫，才可以去恶而为善。要在这几上下功夫，将这几转化而成为纯善，便要"思"，濂溪说：

"《洪范》（《尚书》的一篇）说'思是睿智的，有睿智便可以成圣。'无思，是本，思通，是用。几在那边一动，诚在这边也会马上动。"

当意念（几）将要动时，诚体便亦马上动，要去转化那几，而这诚动而通的活动，便是思，诚本来是寂然的，亦无所谓思的，所以说"诚无为"及"无思，是本"；但当意念一动时，诚亦马上动，人在这时便能警觉，这便是思。所以濂溪所说的思，是诚的动相。诚动，便可以转化意念中的恶，而成为纯善的活动，所以思的作用是通，它可以通化最隐微的几。所以这思是诚体的呈现。诚体一呈现，便无所不通，把意念中一切不合理的成分全都消除了。所以我们不可以把濂溪所说的思说为一般的思想的思。濂溪又说："不思，则不能通微；不睿，则不能无不通。"这思是睿智的思，若不思，便不能通化隐微的几，而若这思不是睿智的，便不能无所不通。所以"思"便是做圣的根本功夫。人要时刻保持这睿思，自觉地努力化去自己生命中的杂质，如不良的习惯、自私的想法等。能不断地这样做，便能逐渐进入圣贤的境界。

（四）

这思通几微的功夫，是很深切、内在，而又很切近的功夫。只要我们能常常留意，便可以体会到当意念一发动时，马上便有睿智的思驾临在这意念上面，反省这意念是否合理，若是不合理的话，便马上把它化除掉。这种睿智的思，是人人本有的，只有人能反省，便可觉察到这思的存在，便可感到它的通微的作用。其实这便是孟子所说的本心，是知善知恶而又可以为善去恶的，是人人本有的。但周濂溪并不顺着孟子的本心的意义说，却从《易传》《中庸》《尚书》等所说的思、知几上说，似乎稍欠直截，但意义还是一样。这睿智的思便是本心的作用。这思的无不通的作用，濂溪说是"神用"，他说"感而遂通者神也"，"神应故妙"，意念一动，诚体（因为诚便是道体，所以可说诚体）便通，这诚体的感通以化几的作用，是一通全通，不可测度的，所以说是"神用"。

《易经·系辞传》说："颜子真可说是差不多（合于道）了，他一有不善的念头，从来没有不马上知道的，既知道了，便不会再有这念头了。"

　　这是说颜子一有不善的念头，便会马上觉察，一旦觉察便马上消除了，而且以后不会再犯。这便是濂溪所说的知几通微的最佳例子。周濂溪也很佩服颜子，说要"学颜子之所学"。

　　周濂溪有一篇文章名《太极图说》，也非常著名，对后来的儒学有很大的影响。太极图的来源很古，和道教也颇有关系，大概濂溪看到这个图后，觉得可以用来说明儒家的义理，于是便写成《太极图说》。它的大意是说：作为宇宙的生化根源的太极（最高的、最真实的存在）是无极（无形无状）的，而阴阳动静的理便从太极而来。阴阳变化，便生金木水火土五行（五种基本物质），以及春夏秋冬四季。阴阳五行互相运转结合，便生雌雄男女，而万物便化生而出了。这一切的活动，都是本于太极而有的。在一切存在物中，只有人是禀受到五行阴阳的灵秀，所以能有知觉及性情，一旦受外物所感，一切或善或恶的事情便发生了。于是便有圣人出来，订立仁义中和的法则，建立起理想的人格典型，使人实现无限的价值，而可与天地并立。

　　这《太极图说》用一套阴阳五行的宇宙论，以解释宇宙万物的生成由来，这种说法当然不容易被现代人所接受，但它的主旨在于说明人在宇宙中的地位是最高贵的，人的行仁义道德，便是彰显出天道的无限意义。人的行仁义而成圣，便可与天地合德，而把天道的意义实现出来，这不只是人的完成，也是天道生化的目的所在。而世间一切存在，也以太极为根源，都是善的。这也是前面所谓的用诚来说天道，以圣人来合天人的意思，而肯定人是可以体现天道，是有着最高的意义及价值的，这种由道德实践而证悟天道、肯定人生的说法，是非常可贵的，也是儒家本有的义理。

十、张横渠先生载（1020—1077年）

（一）

张载，字子厚，世居大梁（河南开封），后来迁居陕西眉县的横渠镇，学者便称他为"横渠先生"。他自少便志气不群，喜欢谈论军事，十八岁时，想结合豪杰收复洮地（在甘肃省，当时被契丹占领），便上书范仲淹说明自己的计划，范仲淹劝他从事圣贤之学，事已见前述范文正公处。张横渠首先研究佛教及道家的学说，然后再回归儒学。后来他到京城（开封），见到程明道及伊川兄弟，畅论义理。论辈分，他是二程的长辈（张横渠是二程的表叔），但横渠十分谦虚，经过一番讨论后，横渠对二程十分佩服，说："我们儒家的道理已经很圆满，又何必外求呢？"于是尽废佛老之学，成为一个纯粹的儒者。当时横渠已在京城讲《易经》，以虎皮为座席，来听讲的人很多，在他见过二程后，便对听众说："今天我见过二位程先生，他们对《易经》的道理了解极深，是我远远及不上的，你们到他们那边学习吧！"立刻便停止了讲座。从这事可见张横渠的勇于服善和胸襟的广阔坦荡。

他后来中进士，任云岩县令，以敦笃性情、改良风俗为首要的事务。在每月的吉日，他都设酒食和父老饮宴，亲自向父老们敬酒，使当地人知道敬老的意义。他又常向父老询问民间的困苦。每当乡长因事来见他时，他便向他们谆谆训告，又命他们回去把这意思传达，每逢百姓来到公庭，或者被他在路上遇到，他便查问是否听到他所要传达的事情，若是没有听到的话，便责备那些受命的人。因此每次他的教令出来，全县的百姓，即使是穷乡僻壤的妇人小孩，都没有不知道的，于是县内的风俗大变。他又曾任渭州军事判官，对于州内的民食及军政都有很精明的规划。神宗初年，因大臣的推荐，神宗召见他，问他关于治民的意见，他说："若为政而不效法三代（夏商周）的圣君的做法，便只是苟且的政治。"神宗这时正想变法图强，听了他这话很高兴，想重用他，但他因为和王安石的意见不合，便辞职回乡。此后他便专心讲学及著述，主要的作品有《正蒙》及《西铭》。他在关中（陕西一带，又称为"关中"）讲学，以《易经》及《中庸》为宗旨，以孔孟为学习的最高标准。他又重礼，以古礼教授学生，身体力行，于是关中风俗大变，有古代淳厚之风。后来又被推荐，入朝主理宗庙礼仪的事务，但又因为和礼官意见不合，不久他便辞职返乡，在途中因病去世，年五十八。他的家中并无余财，赖弟子合出赙钱，才能殓葬。

（二）

张横渠的气质刚毅，严肃庄重，但别人和他相处愈久，愈会觉得他的可亲。当他听到别人有好的行为或好的言语时，都衷心喜悦。来问学的人虽多，但他绝不厌倦，每每反复训诲，唯恐人不能明白道理。他在家中时，常挂念着天下事情，在路上如果见到有饥饿而死的人的尸体（关中地方贫瘠，百姓生活较苦），便难过得吃不下饭。他在写《正蒙》时，整天端正地坐在房中，左右都放着笔墨纸张，不停地思索，一有心得，虽然已经是夜深人静，也一定要点起蜡烛，赶紧写下来。他整天都在思想，很少休息，他曾说："在夜间其实不应睡觉，只因别人全都睡了，无可应接，自己不得不睡。"他教学生，一定要他们立志为圣人，而不可只为贤人；一定要明悟天理，而不可只通晓人事。他认为秦汉以来的学者便都犯了这毛病，只敢为贤，不敢为圣，只求通人事，不敢说天理。他又说：

"为天地立心，为生民立命，为往圣继绝学，为万世开太平。"

这几句话非常著名，后人常加引用。为天地立心，即是要以人的道德实践，彰显出天道的意义。为生民立命，这命不是普通所说的命运的意思，张横渠认为人要以道为自己的命，即以践德成圣人为人必须做的不能违反的事。所以为生民立命即是说要为一切人指出人生的正道，使一切人都能过着人所应过的、最有意义的生活。而这希望人人都以道为命，人人都过着人所应过的生活，正是古代圣哲的理想，但这理想已很久不被世人所了解，所以要为往圣继绝学。将往圣绝学继承过来，实现在天下国家上，使人人都为圣为贤，又制定万世可行的礼义法度，那万世太平的理想才可能实现，这便是为万世开太平。这短短几句话，已把儒家学理的纲领及儒者最终极的理想勾画了出来，真不愧是名言。

朱子的《横渠先生像赞》说：

"早悦孙吴（孙吴是指孙吴兵法，横渠早年喜欢谈兵），晚溺佛老（横渠曾钻研佛老很久）；勇撤皋比（皋比即虎皮），一变至道（尽弃佛老之学）。精思力践，妙契疾书（他作《正蒙》时，一有所得，便马上写下来）；订顽之训（《西铭》原名《订顽》），示我广居（指出人所应有的远大理想）。"

（三）

张横渠的著作，主要有《西铭》及《正蒙》，《西铭》一篇，为北宋儒者所共同推许，公认是难得一见的伟大作品，现在摘录原文，并略加解释。

"乾称父，坤称母，予兹藐然，乃浑然中处。"

乾是天德，天德生生不已。坤是地德，地德健顺成物。以乾坤为父母，即是以天地为父母。因为归根结底，人是天地所生，所以天地可算是人的大父母。人从天地那里禀受了形气，虽只有区区七尺的躯体，但乃是和天地阴阳和合而居位于中的。人位居天地之中，亦即是周濂溪所说的人得阴阳五行之秀，具有知觉灵明，因而可以呈现天道的意思。

"故天地之塞，吾其体；天地之帅，吾其性。"

既然人是天地所生，又能了解及实现天地之道，那天地间所充塞着的一切，都是我的形体；而主宰着天地一切存在的天道，便是我的性。其字和之字同义，吾其体、吾其性即吾之体、吾之性。

"民吾同胞，物吾与也。"

既然天地间一切都是我的形体，那一切的百姓，当然便是我的同胞，而一切物，也都是与我为一体，是不可分割的。与，是友朋、党与的意思。

"……尊高年，所以长其长；慈孤弱，所以幼其幼。"

因为天下百姓都是我的同胞，所以年长的人，便是我的至亲长辈，我都要尊敬；天下间的孤儿弱子，都是我的幼儿稚子，都是我要加以慈爱的。

"圣，其合德；贤，其秀也。凡天下疲癃残疾茕独鳏寡，皆吾兄弟之颠连而无告者也。"

圣人便是我兄弟中能如天地一样，无私地普爱一切人一切物，所以是与天地合德的。而贤人，则是我兄弟中的优秀分子。天下间那些衰弱多病、残废、染有恶疾、幼而无父、老而无子，以及妻死夫亡的人，全都是我流离失所而无所求助的兄弟，所以我都要去关心照料他们，使他们都能得安乐。

"于时保之，子之翼也；乐且不忧，纯乎孝者也。"

于时，即于是。我要小心翼翼地保守上天所给予我的善性，好像儿子敬畏严亲一样。对于一切遭遇，我都要乐于接受，好像孝子对父母的命令，是无有不遵从的。

"违曰悖德，害仁曰贼；济恶者不材，其践形，惟肖者也。"

不依从天理行事，而只顾顺从私欲的，便是悖逆天德，如同忤逆父母的不孝子。伤害仁德的，更即是残害自己的本性，是逆天逆亲的贼。凡在世间为恶，不能教化的，便是天地的弃材。只有能把天德实践在生命中的人（践形），才是天地的肖子（能继承父母心志的儿子）。

"知化，则善述其事；穷神，则善继其志。"

化是天地创造万物的用，神是天地不测之心，了解天地生万物的化功，那我们便可继承这天地的事业，了解天地是以生物为心的，我便以此为我的心意。即是要以人的努力来继承天地生养万物的化功，使世间的一切人一切物都得其所，这样才算是天地的孝子。

"不愧屋漏为无忝，存心养性为匪懈。"

屋漏是屋中阴暗的角落，虽然处身在阴暗的、别人见不到的地方，自己的思想行事也完全是光明正大，这才不会辱及生我的天地父母。能保存本心善性的，便能不懈怠地承顺上天的命令，如同我们勤于侍奉父母，不敢有半点疏忽一样。

后面张横渠举了六个历史上著名的孝子为例，说明人对天地要如同对父母般全心全意地孝顺，因事较为复杂，不录。然后是：

"富贵福泽，将厚吾之生也；贫贱忧戚，庸玉女（汝）于成也。"

若我这生能享富贵，得福泽，那便是上天特别眷顾我，使我的生活顺遂，而有多一点力量去为善。但你若是遭遇到贫贱忧戚（苦恼），便是上天特意要磨炼你，使你更加坚忍勤奋，成为圣贤君子。庸，是用的意思。玉是玉成，即造就。女，即汝。这两句是说对一切的遭遇都要甘心顺受，且都要以一种积极的态度来面对。

"存，吾顺事；没，吾宁也。"

我生存一天，便顺奉天命（天德）一天，不敢稍微违背抗拒，好像孝子般，遵从父母之命，无有违背。没同殁，若我的生命要结束了，我也心甘情愿，自感无愧于心。

《西铭》从乾坤为人的大父母说下来，显示出人在宇宙间的特殊地位。人人以天地为父母，那么人便要秉承大地生养一切的心志，视万物为一体。但虽说是万物一体，人世间的种种不同情况，并不是全都没有了。世上的人有幸有不幸，有成才有不成才；自己的遭遇，也有贫富贵贱得失寿夭的不同。这些差别，在《西铭》文中都有说到，并不是只强调齐一同体，而不正视世间种种的不同。这便是"理一分殊"（理是一、天地万物是同体的，但每一个存在的情况是有不同的）的意思。但不管是怎样的千差万别，我都要以最合理的态度来面对它，不怨天，不尤人，只求尽我的本分，即只求能在天地间做一个真正的人，做一个天地的孝子，那便心安理得。一切不同的，或幸或不幸的遭遇，都不会影响我的继天道以尽人道。无论如何，我都要尽这天地交给我的责任。可以说，人这时的生命，已完全是道德的、理性的生命，亦即是散发着无限的光辉、无限的意义的生命。《西铭》一文，将儒家的道德理想表达得非常精确，非常深刻，它被推崇备至并不是偶然的。

（四）

张载的另一著作《正蒙》，是北宋儒者的著述中义理最为丰富的书，共十七篇。书名"正蒙"，是取《易经》"蒙以养正"的意思。蒙是蒙昧，使蒙昧的人明白道理，成为正人君子，便是所谓"正蒙"。下面把《正蒙》的大意分三点来叙述。

1. 天道论

横渠认为，天道并不离开宇宙一切的生化现象。他首以太和来代表道。他说："太和，便是所谓道。其中包含升降、动静相感种种之性；这是宇宙间一切交密相接，出入屈伸的开始。"因为有道在，世间一切才会生生不已，有种种的变化。所以一说道，便要包含一切生生不息的活动，道是不离这一切而显出其作用的。但这并不是说，世间的种种往来出入屈伸的活动，就是道本身。这一切的活动，都是有形状的，可以见到的，但使它们这样子那样子活动的道，则是无形状的，是我们所看不到的。种种不同的可见的一切活动，乃是"气"（物质性的存在）；而那使一切形体能这般如此地存在的道，便是"太虚"，太虚的作用，便是"神"。横渠说："太虚是无形的，是气之本体。""散殊而有形象的存在，是气；清通而无形象的妙用，是神。"所谓气，是元初的物质性的存在。一切可见的东西，都是由气构成。神则是奥妙不测的道体的作用，如周濂溪所说的神。道体的神用是在有形体的气的活动变化、来往屈伸中显示出来的，若离开了有形体的气，那无形体的神便没有作用的地方，所以道虽不是有形体的气，但不离气而存在。

使一切有形的气变化流行的本体，便是太虚。有形体的气的聚或散，只是气的活动变化的暂时状态。而太虚则是恒常不变的，不会像气那样的变化。太虚也就是我们的性，即是说这清通无形的太虚神体落在我们个体上，成为我们的性。这性是我们实践道德的根据，即人之所能自觉地实践道德，因为是有这性的缘故。至于人的知觉活动、生理本能、心理情绪，则是个体生命和外物交接时所产生的暂时的感应，并不能永远存在的，而且常有私欲意气夹杂在其中。人若能本着他固有的太虚神体以化除私欲意气，那他的现实的有形体的生命，便完全是清通无形的神体的妙用。这便是"尽性"，即充分实现本性。本性能充分实现，使有形的气与无形的太虚神体合而为一，这便是圣人了。

天地的气，虽然是或聚或散，或出或入，有种种不同的变化，但其实是有一定的、真实的理在其中，而为气的变化主宰的。当气散了，形体也消失了时，正好是恢复了太虚的无形的本来面目。当气凝聚而有形体时，太虚便在其中做主宰，而使气不失常度。太虚不能离开气，离开了气，便不能显出太虚的神用，气也不能不聚而形成有形为体的万物，万物又不能不散而显出太虚的常体，这都是不得不如此的。而圣人，便是能兼体这两方面（散及聚、太虚及气）的，他一方面体会到气的聚散变化只是暂时的形态，而不会执着；另一方面，也不会忽视现实世界的一切，因这一切都是由太虚做主宰的，都充满着意义。他既不偏于虚无，而鄙视世间的一切；也不会执着于现实具体的存在，而追求世俗的名利，或希冀长生不老，形骸长存。前者（偏于虚无者）只略懂得道的空虚无形的意义，而不知这太虚道体是不离开具体的有而显其作用的，所以偏于虚无。后者则偏执于有，不知凡是有形体的东西，终归是要散入于无形的。只有不偏执于任何其中一面，了解到气的聚及散都是道的作用，有聚有散，有往有来，才会生生不已，显出天道创生的大用，兼体这两面才能了解天道的作用，而也只有儒家才有这样的了解。

以上几段是张横渠的"天道论"的扼要叙述。宋代儒者在佛老思想盛行了六七百年之后，要重振儒学，自然要直接面对佛老的理论，指出儒学和佛老不同之处，阐明儒学的本质及其所以胜于佛老之道之故，然后才足以对抗佛老。张横渠的天道论，正是为要实现这目标而提出的理论。佛教说现实世间的一切存在都是因缘和合的，会生灭变化的，所以都是不真实的，即是空。道家则说道是自然无为的，后来的道教，则根据清静无为的修养方法来追求长生，追求形躯生命的长存。以儒家的观点看起来，这两家的见解都未免偏颇。因若说人世间一切都是不真实的，则世间的伦理教化、道德实践，便都没有必然性，没有绝对的价值了。其实在世间的一切，只要我们本着仁心去面对，便会体会到一切都是真实的、永恒。如父母的慈，子女的孝，朋友间的信等，若只在外表上看来，都是具体的、暂时的活动，但其实都是有恒常的道在其中呈现，都是有永恒的意义的。因为都是有天道在其中呈现，所以一切暂时的存在都是真实的，有着永恒的意义。所以人间的伦常关系，也都是必然的，不可改的。于是一切都是实事实理，都不是虚妄。因此，你便不应出家，厌世。当然只有在仁心呈现下，才见得出这一切的真实，若是以自私的心面对一切，那便觉得一切都是无意义的。其次，形体的或聚或散，正显出天道生生不已的作用，如果不是这样，便不能表现天道的妙用了。我们不能只看这生生不已的历程中的一部分，而贪恋生存，讨厌死亡，我们若能整个地看，便可知道那都是道在生化流行，生也好，死也好，聚散亦然，都是道的创生活动所使然的，那又何必要厌弃出世，或要执着，而希冀肉身的长生呢？我们只要在存在一天时，能尽一天的意义，那便已取得永恒的意义了。

由此可见，张横渠的天道论实在是最健康正大的儒家式的理想主义。

2. 性论

横渠的天道论，目的是要肯定宇宙人生的真实，人生既已肯定了，便可进而对人性做探究。

本来横渠所说的性是普遍的，不只是属于人的。一切存在都是以天道为性的，所以张横渠说："性者，是万物的根源，万物都从这根源而来，并不是人所能私自占有的。"所以，性即是天道落在每一个体上说，就每一个体而言，个体的存在之理，便是个体的性，这性的内容便是天道。但在一切存在中，只有人能自觉地实现这性，其他的存在物便不可以。所以，人是能吸纳这普遍的性于自己的生命中，自觉地实现出来，即把天道的内容意义实现在具体的生命中，这是人不同于禽兽的地方。虽然只有人能自觉地实现这性，但因性即是天道落在个体上说是普遍的，所以当人自觉地呈现性时，必定会涉及一切的存在，而实现无限意义。

人自觉地实现天道性体（因性便是天道，所以可说性体）的活动便是道德实践的活动，因在人从事道德实践时，是原则上要涉及一切存在的，如前面《西铭》中所说，"民吾同胞，物吾与也"，要亲亲仁民爱物，没有一个存在物不是仁心所希望照顾成就的，这不正如天道的创生一切，成就一切一样吗？当然，人的形躯有限，他不能如天道般地创生一切，但在实践道德时所呈现的意义，也是普遍永恒的，在这意义上，道德活动和天道的创生活动应是同一的。

所以，人是以天道为他的本性的，张横渠说：

"天所性者通极于道，气之昏明不足以蔽之；天所命者通极于性，遇之吉凶不足以戕之。"

这几句话把天道性命相通的意义表示得很精切，下面便将这段话稍加解释。人的性是通极于天道的，即这性是普遍的、恒存的。人的生命中的气质的或清或浊，或昏或明，并不能对性有影响。即是说，人人都具有这普遍恒常的天道为自己的性，人人都可以自觉地努力尽性，能尽性，便是与天地万物一体的圣人。所以圣人是人人可以做到的，不会因为气质的昏昧，而使人不能实现这性。这"通极于道"的性，和一般所说的人性的意义并不一样。一般说的人性，是指人的生命的自然之性，如生理本能、心理情绪及知觉活动等，这种人性，张横渠称为"气质之性"，是属于气的，在这气质之性中，并没有自觉地实践道德，而希望一切皆得其所的大公无私的普遍性，所以人除了气质之性之外，还有呈现普遍意义的天道的性，而这道德的、自觉的呈现普遍的天理意义的性，张横渠称为"天地之性"，后来一般儒者都称为"义理之性"。气质之性是人人不同的，每个人都有他的个性，或刚或柔，或明或暗，这是从自然的生命发出来的。而自觉地去实践道德的义理之性，则是天道的呈现，不是从个体的气性发出来的。所以人是有两种性的，而若人要做一个有意义的人，他便应以从天道而来的义理之性为性，要以义理之性做主，使形躯生理的气质之性顺着天理而活动，所以横渠说："气质之性，是君子所不认为是性的。"又说："若人的德性胜过了气性，那么人的整个生命都是道德的表现，若人的气性胜过了德性，那么人的整个生命都只是生理活动的表现，没有道德的意义。"

"天所命者通极于性"，是说上天给予我们的命令，便是义理之性本身所规定应该做的事，义理之性规定人一定要实践道德，只要人一旦自觉，他便会感到，实践仁义是人必然要去做的，是不能违反的命令。一般说命，是指遭遇运命的命，这是使人感到受限制，感到无可奈何的。人一说到命，都是表示消极的意义，但张横渠却以义理之性来说命，这性是上天所给予我的，所以人的尽性成圣人，乃是上天颁给我的命令，我必须要为君子，为圣贤，充分实现我性中的道德意义。不管遭遇如何，吉也好，凶也好，我都要遵从这从性而来的命，遭遇上的吉凶并不能使我不遵从这命，所以说"遇之吉凶不足以戕（害）之"。这是纯粹从义理的意义说命，这命即是性分所规定，是人必须遵守的，而世俗所说的吉凶之命，只是遇，遇只能限定形躯的生命，而不能限定性分的命，不管是何种的遭遇，也不能使人不去遵从这命，这才是人的真正的命，是从天道、义理之性所颁下规定的命。

据上所说，天道、性及命，依张横渠的了解，是相贯通的，天道即是人的性，也是人的命，而这才是人的真性真命，而人的气质之性及吉凶的遭遇，只是从自然生命所带出的暂时的存在，并不是真正的性命。而人便要本着这与道相通的性及命做人，把普遍无限的性命实现在有限的现实的生命中，使现实的生命体现无限的意义，这样才是一个人的真实存在。

3. 心论

人是以天地之性为性的，但圣人能尽性，而一般人则未必能够。所以人要自觉地去尽性，才可以使义理之性的意义充分发挥出来，这自觉地去尽，便是心的作用。其实心之所以能自觉地尽性地活动，乃是性本身在呈现、在活动，心性的内容意义其实是一。只是性是客观地说，心则是主观地说，在说法上有不同而已。横渠说：

"心能尽性，这即是孔子所说的人能弘大道；性则不能回过来检束人的心，这即孔子所说的不是道弘大人。"

本来的性便是天道，应自然地实现出来，不必人努力去尽。但人有了生命，便会受到气质之性、形躯生理的影响，所以便不能自然地尽其性。于是人便要时刻警觉、反省，使自己的本性不受形骸私欲所蒙蔽。在人反省自觉而不受形气所蒙蔽时，便显出心的自觉的特性，于是心便有其独特的意义。由天道说性，说命，再说心，是一步切近一步。

一般人所说的心，是指能见闻思虑的知觉，那只是属于形躯的、血气的心，这形躯血气的心，是去实现不能自觉的天道义理的性的作用的。人若能不受闻见的心所限，而从狭隘的形骸私欲中解放出来，便可"体天下之物"，即"视天下无一物非我"，如《西铭》所说的意思。所以人要尽他的心，以心的自觉自主的力量，克服形气之限，恢复心本有的体天下之物的广大心量，这便是"大其心"。人能大其心，才能变化气质。所谓变化气质，横渠说：

"人的气性有缓（慢）有急（促），有才（聪明）有不才（愚拙无用），这些都是气质的偏蔽，人若能本着天道之性，努力为善，涵养气性，便可尽性而使生命活动全部是天道的呈现。"

人能尽心，本着天地之性之作用，把偏蔽的气质转而成为实现天道的资具，那性便具体实现在生命的气质之性中，张横渠说这是"成性"。这时候，性才能真正实现，不受气质之性所蔽，就这意思说成性，乃是彰显性的意思，性是普遍的、无限的，无所谓成不成。所谓成，只是性在人的生命中彰显出来。若要说成，那是人的生命意义的完成，而不是性的完成。

人能尽心化气以成性，便将无限的天道具体呈现出来，彰显出天道的意义，于是人的有限的生命便呈现出无限的意义，这时人的心，便是天道性命的具体呈现，横渠说：

"日是天下间最明亮的东西，人有眼去接触到它，而证实它是多么的高；雷霆是天下间最大的声音，人有耳去接触到它，而证实它的发生处是多么的远。太虚道体是天下间最能无穷创造的东西，人有心知去形著（具体化）它，而证实太虚的作用是怎样的无穷尽。"

"人的毛病，在于以耳目的见闻障蔽他的本心，而不知去尽他的心。所以人要去尽他的心，必须先要知道这本心的由来。若能充分尽现本心，那耳目便不会累心，而是呈现本心、性及天道的机要。"

太虚道体的创造活动是无穷尽的，而人的本心便是太虚道体的具体化，太虚本是无形的，现在本心把太虚具体化，使太虚在有限的生命中具体呈现而有形，有形便显得更显著了，这是所谓形著。既知道本心是太虚的形著，便知道本心是由天道而来的，那人便不会以耳闻见为心，便不会受耳目闻见所限，反而使耳目闻见成为本心实现的资具，即是使耳目闻见都是天道的呈现发露处。

（五）

以上是张横渠的主要思想，可见他思想的宏大、正确和深刻。除此之外，横渠也重礼。他认为恢复三代的理想政治，必须从礼入手。他说：

"我之所以要学者先学礼，只是因为人一学礼，便会从世俗习惯养成的不良的行为及心态中解脱出来。那些不良的行为及心态，一直攀缘缠绕着我们的生命，唯有解开它们，人才能上进，才能明道理。一旦解除了世俗的心态习气，人便自然洒脱，人的真生命才会呈现，这是学礼才可以做得到的。"

横渠论读书进学，也非常精切，他说：

"读书不多，便不能对义理有精切的了解。因为读书可以把心维持住，人一旦放下书本，人的德性便容易懈怠。读书时，心便常在。所以若不读书，便一定看义理不清楚。读书要读到会背诵出来才可以。人的最精切的思想每每是在夜里或静坐时冒出来的，这时书本不在身边，若不能背诵，便记不起来，那便精思不起来了。其实读书若能了解书中所说的根本意思，那也就很容易记忆。看书的目的，是解决自己的疑问，明白自己还未有明白的道理。读书时如果能常知道自己所不知的东西，那学问便会不断进步了，在以前不曾有疑问的地方发现疑问，才是进步。"

这都是张横渠精思力践的切身体会。

十一、程明道先生颢（1032—1085年）

（一）

程颢，字伯淳，河南洛阳人，生于宋仁宗明道元年，卒于神宗元丰八年，年五十四，学者称为"明道先生"。他自幼便非常聪敏，有一次祖母在抱着他的时候，头上的钗掉到地上，当时并没有发觉，几天后才来找寻。程明道当时还不会讲话，却用手指着一处地方，终于在那儿找回了头钗。明道的父亲程珦为官数十年，廉谨宽和，家族中如有贫弱的，他必尽力扶助。明道的母亲教子女很有方法，曾说："子女之所以不成材，常是因为做母亲的溺爱，为子女掩饰过错，使他们的父亲不知道。"程明道及程伊川小时，若是走路不小心跌倒了，程母便教训说："若是你好好走路，哪会跌倒呢？"二程如果和别人争吵，虽是对方的不对，她也不会不加以责备，说："我只怕他们不能屈，不怕他们不能伸。"在父母良好的熏陶下，二位程先生都养成了端正的品格及行为。程颐（小程子）曾说："我们兄弟之所以能对饮食衣服无所拣择，以及不会用恶言骂人，并不是天性自然这样，而是教养做成的。"明道在十五六岁时，和弟弟伊川一同问学于周濂溪，便立志于圣贤之学，此后他们的学问成就，虽然不是从濂溪处承受而来，但那时受过濂溪很大的启发，则是毫无疑问的。

明道在二十六岁时中进士，任鄠县（今陕西省西安市鄠邑区）

主簿（管理文书簿籍的官职）。当地的南山有石佛，曾传说石佛的头顶会放光，远近的人都聚集围观，程明道对当地僧人说："我因为有职务在身，不能去看，等佛首再发光时，请替我把佛首拿来看看。"从此便再没有听见佛首放光的事。后他改任上元（今江苏南京江宁区）知县，曾不按当时的常规，发民修堤，获得丰收，又曾改革制度，便利伤员，救活许多人命。当地的茅山有龙池，池中有五色的蜥蜴，很早以来便被视为神物，明道特去把蜥蜴捕来吃掉，以破除迷信。在路上见到有人用竹竿来粘飞鸟的，他便把竹竿拿过来折断，此后当地的乡民子弟都不敢再蓄养禽鸟。后调任晋城（今山西晋城）县令，他视民如子，凡是民众有事来见的，他都教他们孝悌忠恕之道。有些百姓有争执时，常不按手续，直接便到他那里，请求裁断，他都能从容处理事情的曲直，经过他的处理，没有人会不满意。他又令当地的人设立保伍（以伍家为一保，保内的人互相帮助），使人民能力役相助，患难相恤，而坏人则无处容身。境内如果有残废孤弱的人，他则要求那些人的亲戚乡里加以照料，使他们不致流离失所。他十分重视教育，在每一乡都设学校，在闲暇的时候，便到学校，请父老前来谈话，又亲自指点学童的课业，学校的教师若是教得不好，便改聘他人。他又令乡民结为会社，订下奖善惩恶的规条，使乡民都能明义知耻。他在晋城三年，县内从没有强盗作案或打斗致死的事件。到任满时，忽然半夜有人来报告说发生了命案，他说："我们县里头哪会有这种事，若有，必定是某村某人干的。"查问后，果然便是那人。别人问他何以知道，他说："我曾疑心那是一个顽劣不改的人。"

　　神宗熙宁初年，明道被荐入朝任太子中允（为太子官属，主理礼仪之事），神宗早闻其名，常召他讨论，对他非常欣赏。有一日谈论很久，到正午时明道才退出，使皇帝用膳的时刻也耽误了。他多次对皇帝进言，都未尝提及功利的事情，当时王安石正要推行新政，遭受许多人攻击；明道有一次被召到朝廷议政的地方讨论，王安石正在生气，脸色很难看，明道从容地说："这是天下的事情，不是一家的私事，希望你平心静气来讨论。"王安石也为之惭愧，敬佩明道的忠信。后明道不赞成新政，自己要求调离京城，于是调任镇宁军判官。当时有一个名叫程昉的宦官，正督理治河，明道本军的八百兵卒被派去参加治河工作，因天气严寒，他们受不了虐待，半夜逃了回来。明道的同僚都害怕那宦官的权势，主张不放他们入城，明道说："他们是为了逃死而归来的，若不放他们进来，一定生乱。"于是亲自去给兵士开城门，但和他们约定，休息三日再去工作，兵士们都欢呼听命。后来程昉见到明道，也显得很客气，但随后程昉却又扬言要向皇上奏告明道擅纳逃兵之罪，明道听了，笑说："他是怕我，才故意这样说的。"后来程昉果然不敢提起。其后当地决堤，明道率领地方军队奋勇抢救，使水灾不致泛滥。后到河南扶沟任职，立刻便平定了当地的盗贼，又赈济水灾灾民。当地有一个人犯了偷窃罪，明道把他教训了一顿后，便给放了，但不久，那小偷又再犯事，事后和他的妻子说："我和大丞（当时明道的职称是太常丞）约好，以后不再做盗贼，但现在又再犯了，我有何面目再见他呢？"于是自杀而死。从这事可见明道感人之深。哲宗即位时，要起用他为宗正丞（主管皇族之事），但当时他已病重，不久去世了。

明道去世后，他弟弟伊川为他写了一篇很动人的墓表序，内容大意是说：

"周公死了以后，圣人之道于是不再实行在世上；孟子死了以后，圣人之学也就失传了。圣人之道不行，百世以来都无良好的政治；圣人之学失传，千载以来都没有真正的儒者……使天下人都贸贸然不知什么是人生的正途，于是人欲横流，天理湮灭。先生生在一千四百年后的今天，从遗经中得到千世不传的圣人之学，便以兴起圣学为己任，于是圣人之道才重新为世人所了解，他贡献的伟大，是孟子以后的第一人。"

伊川的赞语，可谓无以复加，但当时人人都认为很公允。

明道的天资过人，又充养有道，所以整个人都充满了和粹之气，朋友门人几十年间都未尝见他生气发怒，遇事虽然突然，也能从容处理，不慌不乱。他书窗前的草，也不加芟剪，说要常见造物生意，这大概是受到濂溪的影响。又养了几尾小鱼在池中，时常观看，人问他，他说："我想看万物自得的意思。"又有诗说："万物静观皆自得，四时佳兴与人同。"由此可见他生命的活泼，充满情趣。他的弟子朱光庭到汝州见他，一个月后回家，对人说："我在春风中坐了一个月。"

(二)

明道自从在十五六岁时见过周濂溪后，便不好功名科举之学，慨然有求道的志愿，他首先研究诸子百家的学说，对佛老之学用功尤其深，共费了十年时间，然后反求于儒家的经典，才有得于心。他说："我的学问虽有所承受，但天理二字，乃是我自己切身体悟出来的。"因此他对天理天道的体悟非常深切，他说：

"所谓天理，这一个道理哪有穷尽的时候，它不会因为尧而存在，也不会因为桀而不存在。（不是在圣哲的尧在位时，天理才存在，在暴虐的桀纣在位时，天理便不存在。）人得到了（体悟到）天理，虽是治国平天下，也不是在他的性上加多了一点；虽是穷居陋巷，不得施展抱负，也不会使他的性减少了一点。这天理上面，又怎能说存亡加减？原本是无一点欠缺的，一切的理这里都具备。"

"所以会说万物一体，因万物都具有此理，一切都从那里来。《易经》上说：'生而又生的便是易'，生便一时都生，一切都有此理。只是人能够推廓，自觉地实现这理，物则因为气质昏蔽，不能推廓，但也不能因此便说物没有这理。"

"万物都具备在我的身上。不只是人，物亦在我生命之内，一切都从这里出去，只是人能推，物不能推，但虽则能推，又几时会加多了一点，虽不能推，又几时会减少了一点？一切都平铺放着，不增不减，原来依旧。"

"悟到这义理，世间哪有事情不能尽的？又哪能有什么事出来？世间的功名事业，真只是等闲！世人所说的仁义，只是一丁点儿的好心肠，层次是很低的。虽是天大的事情，一旦以这理来处置，便不觉得是什么一回事。若知道这理，便能有进步，若不知理，又怎会有精诚不已的生命？"

"泰山确是很高的，但泰山的上面，便已不属于泰山的了，虽是尧舜那般伟大的事业，但也只如在无尽的太虚中浮云过目。"

上面所引几条都是明道对天理的体会，天理本来具足，一切都从天理来，一切都有此理，天大的事情，比起天理，只是等闲，这样说，很能凸显出天理的超越和崇高。人如果明悟到这生生不已，创生一切的天道天理，便如同把宇宙提起来整个地看，那人间的一切事，又算得什么呢？这并不是抹杀了世间的成败治乱及贤与不肖的分别，而是从绝对的天理看下来，世间一切的分别都被淡化了。明道是要人开大心胸，放大眼目，从世俗有限的、相对的层次超脱出来，以了解绝对的天理，那时，人才能了解宇宙人生的真正意义。然后便是世间最艰难、最严重的事情，我也可从容完成它，必须有这广大的心量，才能成就伟大事业。所以明道的遇事从容，全无私心，固然是他气质和粹，而更重要的，是他具有从对天理的体会而来的修养。人知道一切都有天理，又能把理推廓出去，则天理便内在于人的生命中。明道说：

"人之所以为人，是因为有仁和义，但以今日的情况看来，应该是人道废才对，而现在这世间之所以仍然存在，只是因为人所禀受于天的那一点常性始终不能毁灭。这样想起来，我们在天地之间，真可算是孤立。"

明道所处的时代，虽然儒学已渐复兴，但当时佛老的思想仍很流行，士大夫大多喜欢谈禅，能正视这永不能毁灭的常性的人，实在是寥寥无几，所以明道有孤立之叹。其实我们今天更应该感叹，现在的世间，人更远离仁义之道，实在也不该再存在，但人间现在仍然存在，这便证明人那禀受于天的常性还是存在的，而这一点常性，便是天理。由此我们可进而看明道的"一本"之论。

"天人本无二，不必言合。"

一般儒者都说天人合一，即以人的生命来体现无限的天道，但其实这人去体现天道的活动本身，便是天道的呈现，天道便在人心，那时的心，便是天理。所以，在本心呈现时即是天，天人本无二，即当人一旦自觉时，人便是天，天便是人，这时天理顿时呈现在人的生命活动中。

"说合天人，是为了接引不明白道理的人的说法，其实天人本来是没有距离的，人的生命若不全是天理的充塞，便不能参赞天地的化育，其实人的生命若全是天理的充塞，那便是天地的化育，不必说参赞，说参赞已是离了人而说。"

人若能充分呈现天理，那当下便是天地的化育流行，不能说离开这另有一个化育流行。

"说体（体会）天地的化育，这体字已是多余的字眼，只此（本心）便是天地之化，不可对此个别有天地之化。"

"只是这心便是天理，尽这心便知性，知性便知天。当下便要认取，不可再往外寻求。"

"大人与天地合德，与日月合明，并不是从外面去合。"

程明道这种观点是圆顿化境的表示，儒者一般说只要人能充分实现他的本性，便可与天德合一，其实在这时已没有去合的人和被合的天，天理便在大人（圣人）的生命中呈现，当下便是天理，不可对这个外说一个天理。当下这心，便顿时是天理流行，并不能离开这当下的心而另说一个天理，我当下的本心的呈现，便是天理呈现，尽这心，便知性，知性便知天，性与天的全部内容，顿时便在本心的活动中全体呈现了，明道这些话很多。只此心便是天，并不是说本心本于天理，而是说心当下便是天理，心的活动便是天理的活动，是整个的，不能分的。

明道最有这种圆融的智慧，体会到天人的不二，当本心呈现时，心便是天，更言之，当人诚时，诚便是天，当人敬时、忠时、信时……莫不是天，一切真生命的呈现，便是天理的呈现。

"有了天地之后，生生不已的天道便在其中流行了，这天道只是敬，敬便没有间断。天道的体物而不可遗，只是诚敬而已。若不诚，便不能有物的存在。《诗经》说：'天命的流行，深远而不止息；文王德行的纯粹，又是多么的光明。'德行的纯粹，也是不止息。纯粹也是不间断的意思。"

敬是精神的集中，不间断、不懈怠，天道的体物不遗，也是不间断，所以敬时的不间断，便是天命天道的不已不止的流行。

"居处（家）要恭，任事要敬，与人交要忠。这是彻上彻下的说话，圣人原亦没有另外的话。"

恭、敬、忠，全都是德性的纯，德性的纯即是天命的不已，宇宙间便只有这生生不已的天道，人的德性的纯一不已，便即是天命的不已。

"天命流行，深远不已，不就是忠吗？天地变化，草木萌发生长，不就是恕吗？"

"能充扩得去，便是恕。心如能充扩出去，便是天地变化，草木蕃息的景象。若不能充扩出去，便是天地之道的活动止息了，贤人都隐起来的景象。"

人的忠，便是天地之道不间断地起作用，人的恕，便是天地变化，一切都能生长的景象，这些都是很美的形容。所谓恕，是推己及人，己欲立而立人，己欲达而达人，不是希望一切都能生长成立吗？所以恕即是道生生不已的活动。

（三）

程明道有两篇很具代表性的文字，即《识仁篇》及《定性书》，我们要在下面加以简述。

《识仁篇》是明道的弟子（也是张横渠的弟子）吕大临所说的。吕大临本是张横渠的弟子，横渠卒，便到洛阳见二程。他一向用功于圣贤学问，常在防检（防范及检点自己的过失）及穷索（尽力探索天理）上下功夫，明道为使他的学问境界更进一步，便以"识仁"之说教他，而吕大临便把明道的话笔录下来，文中大意是这样的：

"学者须先觉识仁，仁是浑然与万物同体的，义礼智信，都是仁。懂得这个道理，便不须防检，不须穷索。心若是懈怠了，才要防范警惕，假如心没有懈怠，又防范个什么呢？未体会得这理，才要穷索，若能长久地保持这心，便自然明白，又何用穷索呢？"

"这道是绝对的，就是大这个字，也不足以形容它。天地间一切造化的作用，都是我的作用。孟子说：'万物都具备于我这里'，须'自己真实地实现出来'的才是最大的快乐。若自己不能真正实现这道，那仍是有两个东西相对，要以自己去符合他，这尚未是道的呈现，又如何得乐呢？张载的《西铭》，对这仁体已说得很完备，能够照着去存心，那还须下什么工夫呢？"

"'一定要常常去做，但心里不要预期着有收获；心里不要忘记，但也不可勉强'（孟子语），这是没有分毫的勉强，完全是自然呈现，这便是存养这心的方法。若存得此心，便是有得。因良知良能，人人本有，未曾丧失。只是往日的私意未消除，所以要存习这心，存心久了便可以克服以往的私意。这道理十分简易，只怕是不能保守着它，若能体现这心而又有快乐的话，也不怕不能守。"

所谓识仁，并不是去认识了解仁，这样子的认识，是把仁看作一个外在的对象，或是一个客观的道理，这样子了解的仁，只是一个概念、一个道理，并不是具体的、真实的仁。要真正了解仁，必须要在自己的生命中呈现仁，仁就是真生命，只有在你自己的真生命呈现时，你才会真切了解仁的意义，不然，即使你不断思索研究，所得到的也不会是真正的仁。所以明道说的识仁，是回到自己的生命中去逆觉仁、呈现仁。识是觉识呈现的意思，而不是认知了解，认知了解只是平面的认知作用，觉识呈现是立体的创造作用。觉识仁体（仁便是天理，便是本体，故也可说是仁体），便是仁体的呈现，便产生种种的道德行为，所以说，义礼智信都是仁。所以仁的呈现，便是创造的活动。你要去觉识仁体，仁体便立刻呈现，仁体一旦呈现，那你的生命便是天道生生不已的呈现，天地的用即是你的用，天与人根本是一，又何须去穷索呢？若能常常保存这心，那仁体便会呈现，不已不止，于是人见父自然能孝，见兄自然能悌，一切都是仁体的呈现，又哪会有私心夹杂在其中，而使这心懈怠呢？这又何须防检呢？所以只要识仁，仁一旦呈现，便没事了。这是内圣之学的最本质的功夫，其实这也不是什么功夫，只是逆觉体证，反身而诚，把自己本有的仁心良知真实地实现出来而已。这觉识仁体，反身而诚，也是仁心本有的作用，所以人只要常常保存着这心，不给私欲蒙蔽便可以了，不再加分毫的人力。程明道这《识仁篇》文所显示的义理实在非常圆熟通透。

仁是人的真生命，是一种与宇宙万物相感通的至广大、至真切的实感，仁心一呈现，便浑然与物同体，一切都是自己，都与自己痛痒相感，明道有一段话把这意思形容得很真切：

"医书上说，手脚的痿痹叫作'不仁'，这句话真最贴切不过了。仁者是与天地万物为一体的，没有一个不是自己。既然万物都是自己，哪里有仁心所不能达到的地方？若认为有不是自己的，便和自己不相干，如手脚的痿痹不仁，由于血气不到，虽然是自己的手脚，也好像和自己不相干的外物一样。"

明道认为医书把人的肢体的痿痹麻木叫做不仁，是对"仁"

最好的譬喻，麻木叫作不仁，那仁不就是不麻木了吗？人的肢体不麻木，是因为有血气流贯全身，人心如果不麻木，便可和万物相感通，仁心便好像身体中的血气般，流布在整个宇宙之中，仁心感通的范围是无穷尽的，所以能与万物为一体，万物都是自己。所以孟子说："恻隐之心，仁之端也。"恻隐便是一种伤痛不安之感，对于一个和自己毫不相干的人的苦难，自己也会冒起一种难过伤痛的感觉，这便是仁，仁心不会受到形骸的限制，而与一切物相连为一体。明道又说：

"医家以不识痛痒为不仁，一般人则以不知觉，不识义理为不仁，这种譬喻非常近似。"

"整个生命都充满了恻隐的仁心。"

"切脉最可体仁。"

在把脉时可体会到人的生命力在活活泼泼的跃动，仁便是活活泼泼的生机。

"观天地生物气象。"

所谓天地生物气象，即天地变化，草木蕃息的气象，由此可体会到天地是以生物（化育万物）为心的。

"万物的生意最可观。"

"人心常活活泼泼的，便无所不到，不会滞限在一个角落里。"

这几条都显示"仁"的生生不已，活活泼泼和万物相感的情状。

程明道的另一篇重要文字——《定性书》，原是张横渠向他询问关于"定性"的问题，他加以回答的书信，后来便把这信称作《定性书》。书中大意如下：

"来信谈及定性的问题，认为性未能不受外物的牵动，这问题您一定已有很深刻详细的考虑，又怎需要我这小子多说呢？但关于这问题，我也曾想过，现谨把我的想法写在下面。"

"所谓定，应是人在动时也定，在静时也定，无送迎内外的分别。若认为外物是在外的，要牵引着自己去跟从它，那便是自己的性有内外了。若性是可以有内外的，则当它在外面时，又是什么在内呢？"

按：仁心性体是无限的、普遍的，不能说有内有外，有你的仁我的仁，你的性、我的性。只有气质的性，是可有人我内外的分别的。

"这是因为有心要去消除外来的引诱（而有物我内外的分别），不知道自己的本性原来是没有内外之分的。若分了内外两头，又怎么可以说定呢？"

"天地的常道，是以它（天地）的心普及万物而无心；圣人的常道，是以他的情顺应万物而无情。"

按：天地以生物为心，滋生一切，并不是有意要生这生那，所以便像是无心的样子。圣人也是一样，以情顺应万物，虽然显出种种情，但都不是故意有心要表现出来的，而是自自然然地呈现，所以虽是以情顺万物而不显出有情的样子。天地生万物，圣人顺应万物，虽然都有种种活动，但都是自然的、无私心的，也都不显出动的样子。

"所以君子之学，最好是廓然（开朗的样子）大公，物来顺应。《易经》上说：'假如人用私心来感外物，便只能和跟自己有关的人或物相感，而不能遍感一切。'假如斤斤计较地要去摒除外物的引诱，那么人的私心便会层出不穷，没有办法根除了。"

"人因为有了障蔽，所以不能明道。人的毛病大多是有私心及用私智。因为有私心，所以不认为活动作为都是顺应万物的无心的活动；因为用私智，所以不认为本心的明觉是自然的。"

按：因为自私用智，心性自然不已的活动及明觉便消失了，人便会分内外人我，于是心便会动荡不安了，若不自私，不用私智，便觉得一切对外的活动都是必须的、自然的活动，不会生出喜恶的分别，本心的明觉也会自然呈现，不会有意念的造作，心也不致纷扰不定。

"与其以内为是以外为非，不如把内外都忘了，把内外都忘了，便清清明明的，全没有事情。能这样便会定，能定便自然会明，能明便可以顺应万物，又怎会被外物所干扰呢？"

"圣人的喜，是因为物（或事情）的应当喜而喜；圣人的怒，是因为物的应当怒而怒。所以圣人的喜怒，并不是由于心（不是心中先存有喜怒），而是由于物（因物而生喜怒）。圣人不也是应物的吗？怎可以专以从外物为不对，而以在内的为对的呢？我们看看自己的由自私用智而来的喜怒，比起圣人的因应物而来的喜怒，是何等的不同呀？"

"一般人的情绪最易爆发，又最难控制的，没有比得上愤怒，若能在愤怒时，马上忘了怒，而反省道理的对及不对，那便可见到外诱是不用厌恶的，而对于道，也可大概明白了。"

所谓定性，其实是定心，一般人都会感到心思烦乱，而希望把心稳定下来。而一般人认为心之所以会烦乱，是因为受到外物引诱干扰的缘故，所以便守着这心，不让它受外物的影响，于是便专意要静，要守着内心，而认为对外的活动是心的拖累，是会使心失了平静的常性的。其实这根本便是一种不合理的、自私用智的想法，只因为自己自私用智，才会感到有内外人我、动静出入的分别，于是执着了静及内，而讨厌动及外，其实人之善性仁心是生生不已，活活泼泼，而与万物一体的，又怎可以强分内外动静呢？所以有心要不动、要定，都不能使心真正定静，只有显发仁心善性，与万物为一体，全把私心私智泯除了，人才会有真正的定。这时一切活动都是自然，一切都是我，于是便动亦定，静亦定，虽普万物，而无心，虽顺万物，而无情，那是超越了情绪上的动静而得到精神上的大安定。这书所显示的义理，如同《识仁篇》一样，是儒家内圣之学最本质的功夫，明道对于这方面的义理，确有最深刻的明悟，真不愧是"明道"。

十二、程伊川先生颐（1033—1107年）

（一）

程颐，字正叔，河南洛阳人，程颢的弟弟，学者称"伊川先生"。他在十八岁时，曾上书宋仁宗，劝仁宗罢黜世俗的议论，以王道为心。后到太学读书，当时胡瑗正在太学，以"颜子所好何学"为题来考学生，得到程颐的答卷，大为赞赏，马上请他入见，给他一个学职。他的同学吕希哲因佩服他的学问，拜他为老师。宋英宗及神宗时，几次有大臣推荐他，但他都不肯出仕，专心学术及教育弟子。到宋哲宗初即位时，因年幼，由太皇太后高氏听政，司马光、吕公著为相，共同上疏保荐他，这时他的哥哥明道先生已去世。程颐便改变了不出仕的想法，希望继承他哥哥未完成的志业，于是出任为崇政殿说书，职务是为皇帝讲解经籍。当时的哲宗皇帝是一个小孩，还不太懂事。伊川讲经时，曾坚持要坐着讲，皇帝站着听，以显示师道的尊严，但不成功。每当要上殿为皇帝讲经之前，他必先斋戒，希望以至诚来感动皇帝。而他的讲说常超出文义范围，多方阐述，务求要关联到人君身上来。有一次讲《论语》孔子赞美颜渊虽然居在穷巷过着贫困的生活，但仍然心中充满悦乐的这一章，亦即他在太学时所写过的题目。当时他的弟子都想这章并无关于人君的事情，不知先生将如何引申到人君身上呢？于是大家便去旁听，看他如何说。伊川把章句解完之后，再发挥说：虽然是身居陋巷的贫士，只要他以仁义为心，便可以忘了贫贱之苦；但若是有崇高地位的君主，生活享受富裕，如不知学问，恐怕难免富贵的腐蚀。而且颜子是可以做君主的得力助手的人，却不得任用，而居于穷巷，而像季氏（鲁国权臣）这般没用的人，反而比周公还富有，鲁君这样用人，实在是后世为君之人的鉴戒。当时听到伊川这番讲解的人，都深深佩服。

　　伊川先生神情庄严肃穆，在皇帝面前也没有什么宽容和悦的颜色。当时文彦博是最德高望重的大臣，整日伺候在皇帝的身边，虽然皇帝劝他休息，但他也不肯离开。当时便有人询问伊川："先生的严及文彦博的恭，究竟是谁的做法对呢？"伊川说："文潞公（彦博的封号）是历事四朝的大臣，现在辅助幼主，当然不得不恭敬，以做大臣的表率；我则是一介平民，现任职为天子讲经，也不得不自重。"皇帝有一次在宫中漱口，因恐怕踩伤蚂蚁而侧身避行，伊川知道后便劝哲宗把这不忍伤害蚂蚁的心推广出去，爱护一切百姓。有一次，伊川讲解完毕，尚未离开，少年皇帝一时贪玩，便折了一条杨柳枝。伊川马上劝谏："现在正是春天，万物欣欣向荣，不能无故摧折植物。"这可见伊川先生的忠诚恳切，但当然小皇帝便不大喜欢他了。大臣吕公著、范纯仁曾入侍皇帝，听到伊川的讲说，都赞叹说："真不愧是侍讲！"这时来到伊川门下问学的人愈来愈多，而伊川也以天下为己任，议论褒贬，无所顾忌。当时苏东坡（轼）是翰林学士，有大名，一般的文人都归在他的门下。文人多不喜欢拘束，都感到伊川的作为未免迂腐，于是两家门人常互相批评，而形成洛蜀两党。有一次哲宗因病多日不来听讲，伊川便到宰相处探问皇帝的病情，又对宰相说："皇上不临朝，太皇太后也不应单独临朝，而且人主生病，作为大臣，可以不知道吗？"宰相便连同百官奏请探问皇帝的疾病，这样一来，太后及许多大臣都感到不满，说伊川未免多事。谏官孔文仲乘机参奏伊川，结果便以管理西京国子监的名义，要他离开京城，伊川便干脆上书请求辞职归里，却被指怀有怨望，罢去他的官职。在哲宗亲政后不久，因新旧党争的缘故，伊川被贬到涪州（重庆涪陵），至宋徽宗即位才恢复官职。但不久党争又起，伊川是旧党，故又被人参奏，说他以邪说惑乱众人，于是朝廷下令驱逐他的学生，且要列入党籍，或加逮捕。但他的学生仍跟着他，不肯离开，伊川说："你们只要照着所听所闻的道理去做便可以了，不必到我门下来。"过了几年，朝廷又恢复了他的官职，但他没有就任，不久便因病去世，卒年七十五。当他病重时，门人说："先生平生所学，现在正是要用的时候。"伊川说："说要用便不对了。"当时因为党禁的缘故，他死的时候，只有四个人送丧。

程伊川只比他哥哥明道少一岁，而性格却大不相同，大抵明道和乐平易，而伊川严谨凝重。他们兄弟年轻时曾跟随父亲到汉州（今四川广汉），在一座僧寺中投宿，明道和伊川一起进门，有左右两条路，明道走右边，而伊川走左边，到僧寺的正堂前会合，而随从的人都跟着明道，伊川只自己一人独行。伊川说："这是我比不上哥哥的地方。"因明道和平，人都喜接近他。明道也说："他日能令人尊重师道的，是我的弟弟；若是接引后学，随人的才性来成就他，则我会做得比较好。"

伊川有一次闭目静坐，他的弟子游定夫及杨龟山侍立在旁不敢离开。过了很久，伊川睁开眼看看他们，说："天色暗了，回去吧。"杨、游二人才敢离开。一到门外，已下了一尺多的雪了，这便是著名的"程门立雪"的故事。

伊川一次和学友韩维一同游西湖，韩氏子弟相陪。有容貌不庄敬而随意谈笑的，伊川回头厉声斥责："你们陪着长者，竟敢如此说笑，韩家的孝谨家风都被你们败坏了。"韩维于是便把子弟都赶走了。

明道居家时，还会说说笑话，伊川则很严肃，只要他在座，尊卑长幼，莫不肃然。当伊川在朝廷为官时，曾有人请他去啜茶观画，他说："我平生不啜茶，也不识画"，便不去。在他被贬涪州时，坐船渡河，船在中流遇险，差不多要翻船了，当时船上人又哭又叫，只有伊川正襟安坐，如没事一般。后来终于平安抵岸。同船有一个父老问他："刚才船几乎翻覆时，只有你面无惧色，是什么缘故呢？"他说："我只是心存诚敬而已。"父老说："心存诚敬固然好，但比不上无心。"伊川一听，知道这父老是有道之士，便想和他详谈，但父老已匆匆离去了。

（二）

这"心存诚敬"四个字，可以说是伊川平生学问修养的要点，伊川说："涵养须用敬，进学在致知。"更是后来南宋的朱子一生奉行的格言。

伊川论敬的议论如下：

"苏季明（伊川弟子）问：'我常感到思虑不定，有时思想一事未完，他事又如麻一样地接连而起，要怎样办呢？'伊川说：'这便是不诚（虚妄）的根，要习惯专一才好，无论思虑或做事，都要求一。'"

"学者为学的先务当然是要在心志上下功夫，但有些人说要摒除闻见知识，绝圣弃智（批评道家）。有些人因恐怕思虑的纷扰，说要坐禅入定，摒绝思想念虑（批评佛教）。其实如明镜在此，万物都可照到，你不能要它不照；人心也是这般，你不能使它不和外物相感。若要免除思虑纷乱之弊，只要心中有主。心如何可有主呢？敬便可以了。大凡人心不可二用，用在一事，则他事便不能侵入，因为有事作为心的主。事情作为心的主，尚可以没有思想纷扰的毛病，若能以敬为主，又哪有这毛病呢？所谓敬，便是主一的意思。所谓一，是无适（不往其他处）的意思。能涵养那主一的意思，便无二无三，而闲杂思虑便不会发生。所以《易经》说：'敬以直内，义以方外'（以敬来端正内心，以义来冲断外物）。须是直内，方算是主一。这样涵养久了，便自然明白天理。"

"吕与叔（伊川弟子）尝说思虑多，不能驱除，伊川说：'这正好比人在破烂的房子中抵拒盗贼，东面来的贼还未驱逐，西面又一贼进来，左右前后都是如此，驱逐不尽。因四面空疏，盗贼便容易入。人便没法做得主宰，便自然多思虑。又如空虚的器具，水自然可以进去，但若有水充满了它，那虽然放在水中，其他的水也就不能进入，所以若心中有主便实，实便外患不能入，自然无事了。'"

"闲邪（辟去妄念）则诚自存。闲邪要怎样下功夫，只是动容貌（使容貌庄敬），端正思虑，便自然生出敬来，敬只是主一。主一，便不去东，又不往西，这样便是中，既不往这，又不往那，这样便是内。存着这（中及内）则自然天理明，学者须敬以直内，直内是根本。"

伊川以敬为内圣的入手功夫，当然这是很切近、很扼要的，人日常都被那闲思杂虑所扰，受环境外物的影响，昏昧杂乱地日复一日，不能真正做人，认真做事，更不会内省克己，求自己的生命能不断升进。所以敬可以说是初步的入手功夫。先要人集中精神，使心思不涣散，然后端正容貌言行，警惕精神，那自然思虑专一。常常如此，人便心思明敏，好像明镜一般，自然便可以明理，所以敬是很切近可行的功夫。持敬之后跟着便是集义明理。

"问：必有事焉（孟子语，意谓一定要用心从事），是否要用敬呢？伊川说：敬只是涵养，孟子说必有事焉，还须要集义。"

"问：敬和义如何分别？伊川说：敬只是持己的方法，义便知有是非。顺着理去做，便是义。（集义便是常常顺理去做）若只守着一个敬，不知去集义，那便是什么都没做出来。比如要为孝，不能只是守着一个孝字，须是知所以为孝之道。（知道怎样侍奉父母，怎样做才是孝行，然后才能尽孝道。）又问：义是否只在事上？伊川说：内外的理是一样的，岂能只在事上求合义？敬以直内，义以方外，这是合内外之道。"

孟子所说的集义，是时时去行义，而自然便可培养出一种精神气概，而伊川说集义，则偏重在明理上，即重在要知道如何去行，他认为必先明理，然后可以行义，知道什么是应该做的事，然后才可以实践道德。既然先要明理，然后可以行义，那么究竟如何明理？伊川提出《大学》（"四书"中的《大学》）所说的格物致知功夫。伊川说：

"入道之方法，没有一样比得上敬，而且未有不敬而能致知的。"

这是说先要敬，能集中精神，使思不涣散，才能使心知清明，有了这明觉之知，才能明得理，即用人的心知去体察事理。敬便能心静，心静才能致知，致知然后明理。伊川说：

"须是识在行之先，譬如走路，须是先知道路的情况才可以行走。"

"须是知了，方能行事，若不知，只是盲目的模仿，盲目模仿，只得外貌，是不真实的。如亲亲，须是知所以亲亲之道方得。所以，若未致知，怎样行得？勉强去行，怎能持久？除非是明了理，明了理自然乐于循理，人性本善，循理而行本来也不困难，但人不知理，自以私意去安排，才会难。"

"知有很多种，有浅有深的，以前曾见过一个人，他自己曾被老虎所伤，一说到虎，神色便变。他旁边有几个人，见他说虎时，都知道虎的可畏，但却不像他那般有畏惧的神色，他才是真知虎的可畏。深知也是如此。学者须要真知，知得便可以放心地去实践。我二十岁时，对经典文义的了解和今日没有分别，只是现在的意味和少时便有分别。"

"人假使有'朝闻道，夕死可矣'（语见《论语》，意思是说早上知道真理，就是晚上便死，也无遗憾）的决心，便不肯一日安于所不安，其实不是一日，就是叫他安一会儿都不成，如曾子易箦（见《礼记》，曾子临死时发觉所睡的席不是他现在的身份所应该用的，便立刻要换过来，还没有换好，他便去世了），须是这样，才好。人不能这样，只因未曾见到实理，实理得于心，是不一样的。一般人只是口中会说，若真是处身在利害之中，他便不能重义轻利。这只是说得，未真实见得。须是见到不善时，如要把手放进沸水中一般，这便用不着勉强，但学者一时未到这地方，便须勉强。古人有为义而捐躯丧命的，若不真实见得道理，又哪能如此呢？须是实见得：生不重于义，生不安于死，所以有杀身成仁的表现，只是成就了一个'是'而已。"

"如眼前各位，要特立独行，与众不同，并不困难，只是要能'知见'便难，人说要力行，亦只是浅近语，人既能知见，岂有不能行的。一切事皆是所当为的，不用着急去做，才着急，便有个私心。"

"问学怎样才可至觉悟处。伊川说：要以致知为先，能致知，则一日一日用思，便一日比一日明白道理，久了便会有觉悟。学若不能觉，那又有何益处？《尚书》说：'思便是明智，有明智方可做圣人。'所以能为圣，只因有一个思。所以说勉力学问便会闻见博，而知亦愈益明智。"

"思便会明智，思虑久了，明智便生，若在一事上思索不通，便暂且换另一事来思，不可专守着这一事，因人的知若在这处蔽塞不通，则勉强去思亦不会通。"

"人思如泉涌，汲之愈新。"

按：思便可有明觉的知，有这知便可明理，要在哪思索呢？要在物上思，所谓致知在格物，这物主要是指人伦关系中的事事物物。所得到的知，并不是知识，而是一种对道德的明察。伊川说：

"闻见之知，并不是德性之知，一般所谓博学多能的知，乃是物交物（以耳目闻见去接触外物）的知，若是德性之知，则并不是由闻见而来的。"

所以伊川说致知的知并不是对自然物的知识，而是对天理的知觉。

"致知在格物，并不是从外而来强加在我身上，而是我固有的。只是被外物牵引而迷失了，所以圣人要格物。"

"随事观理，那天下之理便可得到了，得到天下之理，便可以至圣人的地步，君子之学，是要反躬（回到自己的生命上，即不跟着知识往外跑，而回到德性之知上）。反躬在于致知，致知在于格物。"

"格，是穷的意思，物好比理，格物，即好比穷理，穷究物的理，便可以致知，不穷究，便不能致。"

"今人若要致知，须要格物，物不必定是说事物，从自己一身以至万物的理都是物，只要理会得多，自然豁然有觉悟处。"

"穷理亦有许多方法，或读书，讲明义理，或讨论古今人物，明辨他们行事的是非，或应接事物而合理地处理，都是穷理。问：格物是须每一物都要格，还是格一物而万物皆知？伊川说：怎会一格便全通，若只格一物便通众理，虽颜子亦不能够，须是今日格一件，明日格一件，积习既多，便会脱然有贯通处。"

"问人有志于学，但知识蔽锢，力量不到，则怎么办？伊川说：只要致知便是，知识当会渐明，我未曾见到人对一件事始终想不通的。知识明，则力量自然进。问：如何致知？伊川说：在明理，或多识前人的言行识多自然理明，所以人要勉强。"

"问观物察己，是因见物而反求诸身否？伊川说：不必这样说，物我一理，才明彼，便晓此，这是合内外之道。又问：致知先求之四端如何？曰：求之性情固然是切近，但一草一木都有理，亦须察。"

"观物理以察己，既能烛理，则无论什么都明白，天下的物都有它的理，天生圣智的，亦只是天生知道义理。至于其他的名物度数，也须要问人，自己才可以知道。"

"人有被事务及思虑所蔽累的毛病，只是未得要点，要点定在于明善。要明善，先要格物穷理，穷至于天下之物理都能明白，其实只是一。"

（三）

上列各条所说的持敬、穷理、格物、致知，便是程伊川所提倡的入圣的思想。他首先要人持敬，待心智清明，然后穷究事理，到一定的地步，自然会豁然贯通，而人的心也可以对道理完全明白，这方是知之极致。这致知的"致"字，依伊川的说法，有两种意思，一是推致的致，将人本有的心知推致到事事物物上，去明白事物的理；二是极致的致，待心知明理而得贯通时，则心知便无所不明，心知无所不明，即能对道理全能明白，这便是心知的极致，即是心知的最圆满的状态。

这里有两个问题需要留意：（一）伊川的思想，并不先从内部觉醒人人本有的本心善性做起，如他哥哥明道所说的"学者先识仁"，而要从较外部的克制私欲、稳定气性处下手。其实若是本心呈现了，则自然克制私欲，自然能明理，但伊川却要人从事于穷理、格物的思想，要格物致知后，心知才能明理，才是心知的理想状态。这便和他哥哥，以及张横渠、周濂溪的学理不同，而成为另一个义理系统。程明道的一本论，说本心即性即天，本来是一，只要人识仁，便是天理的呈现，所以识仁是最本质的功夫。而张横渠的"天所性者通极于道，天所命者通极于性"，肯定天道性命相贯通，而性的具体呈现便是心，只要人能恢复本心，便可体天下之物。周濂溪则虽不说本心，但亦说思曰睿，由思可达至无思的根本处，而他说的思也不是格物穷理的向外的思，而是从无思无为的诚体而来的睿思，其实也就是本心的呈现。所以，周、张、大程三人，都是以本心的呈现作为根本思想，而也肯定本心随时可以呈现，本心即是性，即是天理，是不用到外面去寻求理的。但伊川却先从外部做起，要穷究物理，然后可以明理。（二）伊川所说的穷理的理，并不是现在一般人所说的自然物理，一般所说的自然物理的理，是物的性质、结构、组织等的理，是经验的、科学的理，是研究自然物本身样子的理。而程伊川所要穷的理，则是普遍的天理，即是超越的所以然的理。这理是要解答物何以会这样子存在，而不那样子存在的理，即从物的然追问它的所以然之理。在西方，如果追问物的所以然之理，一定归至上帝，上帝是最根本的原因，是因为上帝的缘故，万物才会存在。而中国的儒家则说是天理，天理是最普遍的、永恒的法则，一切物之所以会如此存在，是因为有这最高的法则所规定的缘故，所以，宇宙万物之所以这样存在，是因为有天理作为超越的原理的。而且儒家认为，这天理本身是活动的，有生生不已的创造性，而人本心的呈现即是天理本身的呈现。人的本心所呈现出来的道德法则，便是宇宙的普遍法则，宇宙的秩序便是道德的秩序。这种理论说明，如要充分地来证明它，一定要详细地作理论分析，这在本书是不适宜的，我们现在只有简单地提一下。儒者之所以这样说，都是因为以道德实践所产生的真切的体会为根据的。在人从事道德实践时，一定会感到道德法则是普遍的、必然的，人要这样做才算是人，且人人都能这样做。而且在人的道德心呈现时，世界才是个合理的世界，这样子的世界才是真正的世界。既然在道德心呈现时人才感到人是真正的人，世界是真实的世界，那么只要道德实践是真实的事，不是虚假的幻梦，那这道德法则便当是宇宙的法则，在人作道德实践时，他会感到道德法则是普遍的法则。而且人的本心呈现时，是没有一定的范围的，要亲亲仁民爱物，要天地成为合理的天地，这种实践而来的感受，使人相信，作为宇宙法则的天理，不外是人生命中呈现出来的仁心，即仁、心和天理本质上是相同的，仁心所呈现出来的意义，便是天理的意义，依程明道，仁心与天理根本是一，仁心的活动即是天理的呈现。

既然仁心的活动即是天理的呈现，那么理便是心，心便是理，功夫只在于如何使仁心呈现上，而不必如伊川所说，着力于向外探究，格物穷理。所以严格来说，伊川的格物致知的路子，并不和周、张、大程的见解一样，他是开启了另一系统的义理，而这系统的义理，后来由南宋的朱子充分完成，号称"程朱理学"。程子和朱子所说的心，并不是本心，而是认知的心，只能认知天理。天理是客观的存在的理，不能呈现而为本心的活动，在程朱的学理中，理只是法则，而不活动，也没有本心即理的说法。而这系统的义理内容，将逐步在后文及朱子章中介绍。

（四）

伊川说应由居敬而定住心气，由格物而致知，从外而内，他之所以这样说，可能是因为他感到一般人常受气质及习性所蒙蔽，必须先要增广知识，对天理先有所知，然后才能变化气质，勉强自己顺理而行。即是说：他的立教是侧重在人的气禀不齐，以及自然生命的阻碍道德实践上说，所以重格物致知，要以知来促进人对道的知觉。当然这也可能只是外部的原因，本质上仍是他对道体的理解和北宋三子不同的缘故，即他把道体只认为是理，而不是生生不已地活动，不能具体化而成为本心的呈现。下面述伊川的论气质之性及致知以变化气质，开广器量。

"只论义理的性而不论气质之性，是不完备的；只说气质之性，而不论义理之性，则是不明白的。"

"问性相近也，习相远也（见《论语》），性只是一（这指义理之性），何以会说相近？伊川说：这句话说的是气质之性，这气质之性，即如一般所说的性急性缓的性，若是义理之性，天地之性，又哪有什么缓急？这处所说的性，如告子所说生之谓性的性。（只以生命的自然实然为性，而不是以人可以自觉地为善的性为性。）又问：孔子所说的：上智及下愚都不会改变，这是性否？伊川说：这是才（材质），我们要把性和才分辨清楚，才即如材料，如曲的木可以做车轮，直的木可以做栋梁，（这曲直）便是才。"

"问：人性本明，为什么会有昏蔽？伊川说：此处便须好好地理会。孟子说人性善是对的，虽然如荀子及扬雄那样明智，也不明白性。性是没有不善的，有不善的是才，性即是理。理从尧舜以至一般人都是一样的，才则因是所禀受到的气质的不同而有不同。气质是有清有浊的，禀受到清的气的人便贤明，禀受到浊的气的人便昏昧。又问：庸愚的人的气质可以改变吗？答：可以，虽然孔子说过上智和下愚的人不会改变，但其实有可移之理，只有自暴自弃的人，才不能改好。又问：下愚的人之所以会自暴自弃，是因为他的才资不佳吗？伊川答：固然是，但虽是气质不好，也不能说一定不能改变。（善）性是普遍的，岂会不能移动气性？只是因他自暴自弃，不肯去学，所以终不能移；若肯学，也可以改变学好。"

"问：有人一天能背诵万言，或有妙绝超群的技艺，这可以学到否？伊川说：不可以，大凡人所禀受的才资，虽然加以勉强，也只可以稍微进步。若是钝的，终不可以成为锐利。只有理可以进。除非是积学久了，能变化气质，那便虽愚必明，虽柔必强。大贤以下的人，才论才质。大贤以上的人，即不论才。（若成了圣贤，便以德为名，别人也不计较他才的高下，这时的生命，全是德性意义的生命。）圣人和天地合德，和日月合明，人区区六尺身躯，能有多少技艺？人有身，须有才，圣人忘己，便不论才了。"

"或问：人有耻不及人之心，如何？伊川说：感到自己不如人而羞耻，而发愤去做，是可以的，感到自己不行而遮掩它，便不可以。又问：对于自己的技艺不如人，怎样？伊川答：技艺不如人，哪值得羞耻？为学的人，应当明道，若自己不明道，方是真正的可耻，既知耻，便应勉力求明道。"

按：人有生命，便有形质，而由形质构成的自然生命本身，是人人不同的。有些人气质清，有些人气质浊，有些人贤明，有些人愚拙，这是所谓气质之性，是人人不一样的。但除了这方面的性外，人还有一种性，就是普遍的天理，所以说："性即是理。"不论人的气质如何，他都具有这普遍的性。人若能明白这性，明白这理，便一定可以为善，而不受气质之性的影响。人的才质的性是有限的，你勉强它，只可小进，但你若开显你的义理的性，你便一定可以为圣贤，这方面（成圣成贤）是无关于气质的，虽是最昏昧的气质，你也可以改变它，它终不会成为你为圣贤的妨碍，这便是所谓变化气质，这在张横渠章已说过。但这变化气质的意义仍只就道德上说，即愚笨之资质可以改变它而成圣贤，但不是改变它成为天才。人的才质这方面是不能整个改换的，即如果你是愚笨的，可以克服你的愚而明天理，若你是生性柔弱的，也可以因明道而有道德的勇气，不好的气质并不能妨碍你成圣贤，但并不是使你在才质上有彻底的改变。而当人成了圣贤，他的生命便整个是义理之性的呈现，这时便有无限的价值，这时便不论才不才，他的才都被德性的光辉所浑融了。一个没有才艺的人成了圣人，很可能仍是无才无艺，但这不阻碍他成为圣人，所以伊川说："大贤以上不论才。"伊川这种分辨是非常恰当，能洞见义理渊微的。

"问：学者须志于大，何如？伊川说：志无大小。（志只有一，即志于明道，所以说志无大小。）但不能说将第一等的让给别人，自己且做第二等的，这样说便是自弃。言学便以道为志，言人便以圣为志。自己说自己不行的，是自残（害）自贼。"

"或问：人或倦怠，不知是否因为志不立的缘故？伊川答：若是气，则身体劳累后便会倦，若是志，则哪会倦？只是因为气胜过志，所以大多被气所驱使。一般人都是年少时勇，老便怯弱；少时清廉，老便贪吝，这便是被气所驱使。若是志胜气时，则志一定，便不可以转变。如曾子易箦的时候，他的生命气息是那样的微弱，但因他志已定，所以虽是面临生死大事，也不能动摇他的志，因只要有一丝气在，志还是在。"

"学者若被气所胜，习所夺，只可责志。"

伊川的志胜气，变化气质，以敬涵养，都是很切实的功夫，而他一生的行事，便是"持敬穷理"的具体例子。当他被贬涪州回来后，精神容貌都胜过往日，弟子问他何以能这样，他说："这是为学的功效。"他又曾说自己："年少时气禀单薄，身体不好，至三十岁气才渐盛，四十岁而后完，现在已七十二岁，筋骨无损。"

前文说过，伊川的居敬穷理、格物致知的说法，是在北宋三子外另开了一个义理系统。伊川的持敬、涵养，是用敬来贞定现实的心，而不是开显本心。持敬久了，那这现实的心便渐清明，便可以穷理，而理便在心之外，而不是本心的呈现。所以伊川并不说"心即是理"，而只说"性即理"，后来朱子便十分重视"性即理"这话，说这是千万世说性的根基。伊川之所以说性即理而不说心即理，是因心是现实的，杂有种种思虑的心，这心并不是理，性才是人之所以为人之理，即是仁义礼智，仁义礼智便是人之所以为人的理和性。于是理不能是本心所呈现的，只是心知认知摄取的对象，只能以心知去知理，然后依理而行，而不是本心即理，于是理不能呈现于人的心，即它只是理，不能活动（本心便是活动）。这理是静态的、抽象的存在，而不能具体呈现为人的本心，于是人便要持敬，求心能贞定、明理、合于理，这是了解伊川学问的关键。这意思为后来朱子所继承发挥，我们在此不多征引，只引下面两段略加说明：

"问仁：伊川说：仁的真义要诸位自己好好体会。孟子说：'恻隐之心，仁也。'后人于是便以爱为仁，恻隐是爱，爱是情，而仁则是性。（性与情是不同的，情是气的发用，而性是所以然之理。）岂可专以爱为仁？孟子又说：'恻隐之心，仁之端也。'既然说是仁之端，便不可以说是仁。韩愈说：'博爱之谓仁'，那是不对的，仁者当然博爱，但便以博爱为仁，那便不对。"

伊川这段话分解得很清楚，仁是性，爱是情，恻隐这情乃是仁的发露的开端，并不是仁，仁只是理。但这便抹杀了孟子所说的本心义，而性理本身不能直接发而为情，仁只是理，不活动，活动是心。恻隐之心是心知理而发的情。其实这种分别并不对，仁当然不是一般的情绪，但可以直接发而为本心，为恻隐之情。仁、本心、恻隐根本是一，伊川的分解并不合于孟子的义理。

"仁之道，要之只消道一公字，公即是仁之理。但不可将公便唤作仁。公而以仁体之，才是仁。只因为公，便能遍及于物。故仁所以能恕，所以能爱。恕则是仁的施行，爱则是仁的作用。"

明道以觉，以不麻木说仁，即是从内心的不安不忍处体会仁，而伊川则全从理上说，失去了那恻然不安之感，只以无私的公的意义来说仁。仁当然是普遍的公心，但公只是仁的形式的特性，而内在的不安不忍，恻然而感的本心的活动，方是仁的具体内容和意义，而这层意思，伊川已忽略不讲。

最后，虽说伊川的义理有歧出，但宋代的理学也因伊川的努力而逐渐光大，造成儒学的复兴。伊川比明道晚死二十二年，若没有他这二十二年的努力，宋代儒学能否有这样的兴盛，是很成疑问的。而伊川遗下来的论题，也成为南宋儒学的主要论点。

十三、横渠门人

张横渠的学问，当时被称为"关学"，和二程的"洛学"齐名，门人弟子很多，但因北宋末年的"靖康之难"，关中一带兵连祸结，张横渠的关学学统便因而中断。当时关学的流传情形也因文献的散失而不能详细知道。原本《宋元学案》中辑录的也不多，其中较为著名的有吕大钧、吕大临、苏昞及范育等。

（一）吕和叔先生大钧 (1030—1081 年)

吕大钧，字和叔，陕西蓝田人，宋仁宗时进士。他曾做了几任小官，后因自觉学养不足，不再出仕，卒时年五十二。吕大钧为人刚正质朴，笃志力行，他曾说："初学时只须实行所知便可以了，至于道德性命，实践久了自然可至。"可见他是重实行、不尚空言的人。初时张横渠在关中讲学，很少有人来问学，吕大钧和横渠有很深的交情，也很佩服他的学问，便自请为弟子，于是关中士人才来问学。横渠教人，以礼为先，大钧便照着横渠的意思条例而成"乡约"，用来教化乡人，关中风俗为之一变。伊川曾说："子厚（张载）用礼来教学者，是最好的，可使学者先有所据守。"他以圣门的功业为己任，希望将儒学的理想落实在现实的生活上，努力践履，所以当时人将他比作孔门的子路。

吕和叔的乡约分四纲领，每纲领之下都列有详细的实践条文，现只列举大纲如下：

一、德业相励；

二、过失相亲；

三、礼俗相交；

四、患难相恤。

他希望用群体的互相约束、互相鼓励，来促进乡间的教化风俗，这最能显出儒学的教化功能，当时关中推行乡约，成效很大，可惜不久金人南侵，关中沦陷，这"乡约"运动也因而中断。

(二) 吕与叔先生大临 (1044 — 1090 年)

吕大临，字与叔，和叔的弟弟，吕氏兄弟共六人，与叔年纪最小。曾任职太学，当时有人推荐他为讲官，但他还未被任用便去世了，年四十七。他先学于横渠，横渠卒，便到洛阳见二程，深为二位程先生赏识。程明道的《识仁篇》，便是因为要指点他而说的，他得到明道指点，心志开廓，作《克己铭》以明志向。他本来博览群书，善写文章，但从此之后专意涵养，说话时如说不出口般，好像一个柔弱无能的人，其实他是性情和粹，深明道理。有一次，大臣富弼告老居家信佛，他特地写信去责备，说"古代的大臣，在内便论道于朝，在外便明教化于乡。崇信佛氏，岂是我们所盼望于您老的呢？"富弼得信，马上回信道谢，并表示惭愧。与叔虽亦是二程弟子，但他的基本见解却是从横渠来。伊川曾说："与叔固守横渠的说法，若是横渠未说过的地方，他都肯接受，若横渠有说过的，他都守着，不肯回。"可见与叔之忠于横渠。他曾和伊川讨论中和问题，并不赞同伊川的说法。

"中和"一词，出于《中庸》"喜怒哀乐之未发谓之中，发而皆中节谓之和"。是说在情绪未发时，人便可体证到人的本性，顺这本性发用，那情绪都会合理，那时便叫做"和"，伊川和与叔讨论中和问题主要有两点：

1.中是否为性：与叔认为，中便是性，由中而出的一切便是合理的表现。伊川以为，中是形容性体的形容词，不能说是性。

2.赤子之心是否为中：与叔以为赤子的纯洁无邪的心便是中，即以孟子所说的本心为中，用赤子之纯洁的心来譬喻本心。伊川则谓赤子之心是已发之和，并不是中，中是体，而赤子的和并未包含对道的自觉。

根据这讨论，可知与叔反较伊川更接近孟子的义理。首先，中当然是形容性之词语，但也可以进一步，以中说体，这在语言的使用上是合法的。伊川一定要说中是状语，不是体，未免太拘执。其次，赤子之心虽未有对道的自觉，但取赤子心的纯一不杂来譬喻本心，也是可以的。

吕与叔的语录说：

"赤子之心，乃是良心，这是上天所给予人的中，是寂然不动，虚明纯一，合于天地神明的。《中庸》说：喜怒哀乐之未发谓之中，就是这意思。这心自然正当，不须人力来正它，贤者之所以贤，因能保存这心而不失，不被外物所影响。"

"我心所同然的，便是天理天德。孟子说同然，是恐怕人有私意蒙蔽，若无私意，我的心便是天心。""人禀受天地之'中'以生，若是从良心发出来，便没有不是道。如在我心发出来的恻隐、羞恶、辞让、是非等心，都是道。在彼（他）的君臣父子兄弟朋友之交，也是道。以物的观点看，有他与我的分别；依性来说，则合内外，只是一体，都是人的心性所共同具有的。"

依此，可见与叔的见解是严守明道横渠之义理，和伊川的说法不同。在横渠各弟子中，以与叔见解最高。

（三）苏季明先生昞

苏昞，字季明，陕西武功人，在横渠各弟子中，他跟随横渠最久，后来也向二程问学，程伊川的弟子尹焞初时一意读书求中举，季明问他："你以为状元及第便是学问了吗？"尹焞不懂。第二日一起喝茶，季明举杯相示，说："此岂不是学（伦常日用，才是真学）？"尹焞于是醒悟，有志于道，而入程门为弟子。宋哲宗时，苏昞被推荐任太常博士，后因上书和当政者争论，结果被贬饶州（江西鄱阳），行经洛阳时，住在尹焞家里。他颇因被贬而感到难过，尹焞勉励他说："当初你上书力争时，是为国家，还是为了自己呢？若是为国家，则现在虽被贬，也应心甘情愿；若是为自己，则这次被贬到饶州，已经算是很近的了。"季明听后，一切的忧心和不快都消散了。这可见到古人朋友相处之道。所以有人说："苏昞成就了尹焞的始，尹焞成就了苏昞的终。"

横渠的门人，还有一位范育也很有名，他曾作《正蒙序》，很能把握横渠学说的要旨。

十四、谢上蔡先生良佐（1050—1103年）

谢良佐，字显道，蔡州上蔡（河南上蔡）人，学者称"上蔡先生"，当程明道在扶沟当知县时，他便来问学。明道对人说："这秀才展拓得开（志气恢弘，能明道理），将来会有大成就。"他在元丰（神宗年号）八年（1085年）中进士，做了几任地方官。当他在湖北应城为知县时，胡文定任湖北提举，而上蔡便在他管辖之下。有一次，胡文定来巡视部属，到了应城，他虽是长官身份，却以后进之礼拜见上蔡。当文定入门时，见吏卒都直立庭中，如土木偶人，不禁肃然起敬，于是向上蔡请教学问。宋徽宗曾召上蔡面见，有意任用他，但上蔡感到徽宗的心意不诚，无意在朝为官。后来他因为说话触犯了当时的忌讳（他说恐怕朝廷会因兵乱而迁都）下狱，被废为民。后来"靖康之难"，宋室南渡，可说是应验了上蔡的预言，但那时上蔡早已不在人世了。上蔡卒于徽宗崇宁元年，年五十四。上蔡在程明道死后，又从学于伊川，得到伊川的锻炼。曾有一次，和伊川别后一年才相见，伊川问他有何进步，他说："只戒去了一个矜字。"伊川说："为什么？"他说："我检点过，所有的毛病都是由这矜字引起。"伊川听后大加赞赏，说："这真正是所谓切问而近思（在最切的地方用功）。"

上蔡初见明道时，明道以客人之礼待他，很是客气。他说："我是为求师而来，愿做先生的弟子。"于是明道命他在馆侧小屋居住，那屋子很简陋，不能蔽风雨，晚上没有蜡烛，白天也无炭火取暖，饭也吃不饱。程明道却不闻不问，上蔡住了一个多月，豁然有省悟，然后明道才和他讲学。

上蔡初时读书很多，记性好，很是自负。有一次他和明道说话，征引史书，能背诵如流，一字不漏。明道说："你记得这么多，可说是玩物丧志。"上蔡听了，马上汗流浃背。明道却说："这便是恻隐之心。"上蔡后来见明道读史，却又逐行逐行地看，没有遗漏一字，心中便十分不服，后来终于省悟，于是便常以这事做例子，来指点那些喜欢博览的学者。上蔡初时读史不遗漏一字，是有自夸渊博之心，明道看史，则是正心诚意，求明史实，所以虽是同样的不遗一字，用心便是两样。所以上蔡着力要去矜，人有矜心，便不论做任何事都只是要向别人夸耀，而不求自己受用。

上蔡天资高，所得又深，后人论程门弟子，多以上蔡为第一。他的学问多本于明道，明道首先以"不痿痹（不麻木）"说仁，上蔡继承这说法，而加以发挥，以"觉"来说仁，他说：

"心是仁吗？心便是仁，仁是什么？活的便是仁，死的便是不仁。所以若是身体麻痹，不知痛痒，便说是不仁，桃及杏的核，因可种生，便叫作仁（桃仁、杏仁）。有生机、生意的，便叫作仁，那仁的意思，我们便可推想而知了。"

"仁，是天之理，不是人故意造作出来的，所以'哭丧时的悲哀，并不是做给生人看的；保存德行，不为外物所动，并不是为了求官而这样做；人说话，言而有信，并不是要表示自己品行端正'（孟子语）。这都是天理的当然。应当做的，便去做，这亦即是天理的呈现。圣门的学者，要以克己作为根本的言行指南。'克去自己私欲，而实践礼'，没有私心，便是天理。所以孟子说：'仁，人心也。''尽其心者，知其性也，知其性，则知天矣。'"

　　"所谓有知识，须是格物穷理。如黄金是天下至宝，先须辨认黄金的性质，不然，人拿石头来说是黄金，你不能辨认，便生疑惑。所以《大学》说：'物格而后知至，知至而后意诚'，所谓格物穷理，须是认得天理才可以。所谓天理，乃是自然的道理，没有一点儿造作。每一个人突然见到小孩子快掉到井里，都会有恻隐之心，这便是所谓天理。这恻隐之心，是自自然然地便产生出来的，并不是为了别的目的，如希望小孩的父母感激我、称赞我而产生出来的。而若别有目的，那便是人欲。天理和人欲是相对的，有一分天理，便少一分人欲，有一分人欲，便会减去一分天理。学者一定要明白天理是自然的、必然的、不能移易的道理，不能增，也不能减，如此才好。不然的话，便人人都自生见解，来欺诳别人。真得到天理，便可以为天理之所为，所以明道曾说：'天理二字，是自家体贴出来。'"

　　按：上蔡这里所说的格物识天理，即是觉识内心的仁，并不是如伊川所说的由穷格事物而明理。内在的仁心是人人都有，是自然如此以及必然的，所以也是天理。人要首先觉识仁，这是为学的关键，由此可知上蔡是谨守明道之学的。他对天理即人本心，是自然而没有一点人为造作之义，更深有体会。但后来朱子却因以伊川为标准，不了解明道的意思，而曾大力批评上蔡以觉来说仁，识本心天理的说法。

　　"不迁怒，须是颜子才做得到。假使大声说一句话，便已是罪过。任意喜怒，都是人欲。须察见天理加以涵养才可以。"

　　"问：太虚无尽，心有止境，怎样可以合一呢？上蔡说：心有止境只为用，心若不用，哪会有止？（心有用，即是心有思虑造作，不是自然的本心，本心自然流露，没有一分人欲，便是心不用。）问：先生是否已到了心不用的地步呢？上蔡说：未到这地步，只有圣人才到这地步。当初我曾想到这里，却被伊川先生转拨了。二十年前，有一次我曾见伊川先生，先生问我近来怎样用功，我说'天下何思何虑（天道生生，毫无意念造作）'。伊川说：'这理确是有的，但你却发得太早了。'我当时实在对这境界未曾彻底明白，若不是得伊川指点，可能便堕入禅学中去了。伊川真会锻炼人。他当时又说：'这正要好好下功夫'，于是我便一步一步地用功，不敢只说空头的大道理，开始时进步很快，后来便慢了。现在已过了二十年，真如梦一般。问：为什么初时进步快后来却慢了？上蔡说：挽弓到将满时最难再拉开。"

按：这段可见伊川锻炼弟子的恳切，使上蔡历久不敢忘师恩，实在感人。而这心不用，顺着本心的自然而行，不夹杂一点私欲的境界，是要下许多工夫才能达到的。

"天，即是理，亦即是人之理，依循理，便会与天为一。若是与天为一，则我不是我，是理，而理其实不是理，而是天。若有一点自己的私意私念，便不是天了。"

"曾恬（上蔡弟子）问：'尧舜汤武等人的事业，岂不是做了许多？'上蔡说：'尧舜汤武虽也建立了许多事业，但他们的心与天理合一，虽是做了许多掀天动地的大事，却只如太空中一点云一样（十分自然，像是没做过这许多事一般）。'"

所有私欲都化尽了，人只是行所应行，便是自然，便是无心，虽是做了天大的事情，心中也不会因而稍动，只觉得那是自自然然的，本该如此的，上蔡这种见解，实在非常透彻。

十五、杨龟山先生时（1053—1135年）

　　杨时，字中立，南剑将乐人（今属福建省）。熙宁九年（1076年）中进士。他在颍昌见明道，请为弟子。明道很喜欢他，曾说："杨君对道理理解得最容易。"当杨时离去时，明道目送他，说："吾道南矣（我的道将因着他的缘故传到南方去了）。"明道殁后，他又往见伊川。当时他年已四十，但对伊川极为恭敬，而有"程门立雪"的故事。他曾和伊川讨论横渠的《西铭》，以为《西铭》近于墨子所说的兼爱，得伊川说明理一分殊的道理。经伊川的解释，杨时才明白。后来他做了几任地方官，在余杭知县任内时，为官简易，不扰民，百姓悦服。当时权臣蔡京葬母余杭，想动用民力来治湖，先生不肯，故被调职，而百姓都十分感激他。到七十岁时，他曾被荐入朝做讲官，提出了许多解救当时困危的方案（当时已是北宋末年，金人已决意南侵），但不被接纳。后钦宗立，任他为谏议大夫，不久钦宗对金人割地求和，龟山力加反对，后大臣李纲被罢职，太学生及军民数万集合在朝廷殿门外为李纲抱不平，钦宗唯恐他们作乱，问龟山。龟山说："太学生们这样做，是忠于国家的表现，不会作乱，只要选一位老成而有德行的人来管理他们，便可无事。"钦宗说："那你便是最适当的了。"于是任命他兼任国子监祭酒。这时他上书说王安石注经的不当（王氏著有《三经新义》），于是朝廷下诏毁掉王氏三经的版，不准诵读，但当时士人读王氏经说已经很久，一旦被废，都十分不满，纷纷攻击龟山，他于是退职罢官。不久北宋亡，高宗即位后，任用他为工部侍郎，但他不久便卒，年八十三，谥"文靖"，学者称他为"龟山先生"。

龟山的性格和上蔡不同，上蔡气魄大，英明果决，而龟山气象和平，二人都是程门大弟子。程伊川被贬涪州后回洛，见学者散落，多改学佛，只有龟山与上蔡不变，于是叹息说："学者都入于夷狄了，只有杨谢长进。"龟山气质宽和，很近明道，议论也平正，可以说是纯儒。他曾说：

"物若有圭角，便会刺人眼目，自己也容易破损，所以君子处世，要浑然天成，那便不会为人所弃。"又说：

"渠沟的量，不能容纳江河的水；江河的量，不能容纳大海的水。这是有所局限的缘故。所以君子要以天地为自己的量，若以天地为量，那还有什么不能容纳的？"

但他晚年时也有兴趣于佛学，曾说佛老之学有许多和儒学是相同的，于是后人便说他陷入异端。儒佛根本见解虽不同，但境界上也有许多类似处，难怪龟山也加以欣赏，但他并未背弃所学。

龟山的学问，也是近于明道而远于伊川，他说：

"学这道（儒家的道）的人，必先要明善，然后才可以为善，明善在于致知，致知在于格物，但万物多不胜数，不胜穷格，若反身而诚，则天下的物都在这里，反而求之，则天下之理便得了。把握了这个（自己的本心的理），则可知天下之理，天下之情，而参赞天地的化育。"

这所谓格物穷理，并不是伊川所说的意思，而是反身自证本心的天理，亦即明道"识仁"的义理，把握此理，便可通天下万物，即孟子所说的扩充。

龟山另一重要议论，是"求中"之说：

"《中庸》曰：'喜怒哀乐之未发谓之中，发而皆中节谓之和'，学者应当在喜怒哀乐等情绪未发出来时，以心去体会，便可知'中'的意义。既见到这'中体'，便要把握它，不要让它失去，不要被人欲影响。于是日常一切活动，都会恰到好处，发而皆中节。但虽是发而皆中节，而这中却未曾被牵动，孔孟也曾哀恸和喜乐，但却是可喜而喜，应哀而哀，并无私意在其中。当他们喜或哀时，中体固仍自若，并没有被哀乐所影响。好比镜的照物，不同的物来，便照出不同的形象，并不会因物的不同，而镜有不同的明度。所以我们只可说情之发中节不中节，不可说有情无情，圣人所谓'无意'，岂是如木石一般麻木无感的？只是没有私意罢了。若是诚（真实）意，则是不可没有的。"

这段是说人要在情未发时体会一中体，这便是天下的大本，也是人的本性，把握这便可发而中节，从而至和，并不如前章伊川所论的中，伊川的中并不即是体。由此可见伊川义理的转向，程门弟子并不十分了解，他们本着明道的思路，而以为两位程先生是一样的。

"通天之下，都是一气，人禀受天地的中而生，人的精神便与天地相通，那不是最刚大吗？只是人每被形体所困，不能自见其大，不知集义，所以不能至刚大。"

龟山得享高寿，又努力于培育后学，为地方人民的师表，为世所推重，所以二程的学问便因他而得以广泛流传，宋室南渡以后，南宋的理学不绝，而且大儒辈出，大多是他努力提倡的功劳。

十六、尹和靖先生焞（1071—1142年）

（附游酢、王莘）

　　尹焞，字彦明，洛（河南洛阳）人，学者称"和靖先生"。他少承家学，年二十，因苏季明的介绍，见伊川。当时明道已卒，不及见。哲宗绍圣元年（1094年），他参加进士考试，试题中有"元祐奸党"一题，当时新党得势，把司马光、程颢等都说成奸党。尹和靖说："在这情况下还可以求官做吗？"于是便不答考卷，离开试场。后他禀告伊川说："我以后都不参加进士试了。"伊川说："你还有母亲在呀。"和靖便回家告诉母亲，他母亲也是一贤德妇女，说："我只知你会以善来养母，不知你以俸禄来养母。"伊川听到了，大为赞叹。钦宗靖康元年（1126年）他被荐至朝廷，赐号"和靖处士"（没有做官的贤人称为"处士"）。"靖康之难"起，金人攻陷洛阳，和靖全家被害，他则昏而后醒，转徙于长安山谷，后到四川，得大臣张浚的照顾。不久宋高宗召他为侍讲，他力辞，不获准，于是他拜祭过伊川，然后起行。在途中，他听到有大臣上疏攻击程伊川之学，于是停止上路，而上疏高宗说："我跟随伊川先生差不多二十年，对所学甚为自信，若是为侍讲，则所讲的都是从伊川处听来的，若要我不说程氏之学，便是欺君。现朝廷既不尊重伊川之学，我也不敢奉召了。"后来张浚入朝为宰相，又请高宗召尹和靖，和靖力辞。高宗说："我就是要听先生讲伊川之学，没有其他。"他然后赴任，每次为高宗讲学时，都先斋戒沐浴，态度庄敬，甚得高宗敬重，高宗曾对大臣赵鼎说：
"尹焞日常的行为，便是一部活的《论语》。"赵鼎答："陛下
可谓知人。"高宗曾问和靖："先生的修养和粹醇厚，不知是如
何修养得来？"他答道："我只是一生不敢犯过而已。"高宗笑
着表示同意。高宗喜欢看黄山谷的诗，和靖谏说："这人的诗有
什么好处，陛下看他有何用？"不久便要辞职，高宗力加挽留，
说希望他留下来作为大臣的表率。后来秦桧当政，主张和金人讲
和，和靖反对，秦桧因而大怒，和靖于是上疏辞职。绍兴十二年卒，
年七十二。当病笃时，门人请他上遗表给高宗，他说："我有一
部《孟子解》，便是遗表。"

伊川曾说："尹彦明他日必会有表现，而用于世。"又说：
"我死后，不离正道的便是尹氏之子（指和靖）。"在程门弟子
中，龟山和和靖最后死，和靖虽是穷居讲论，但不肯稍自贬屈，
举止庄敬，虽酒醉，态度也不变，家居时严肃整齐，作息有常度。
曾有一个僧人见过和靖后说："我不知儒家所说的周公孔子是什
么样子的，恐怕也只能像和靖一样吧。"可见他持敬功夫之深。

和靖在程门中是资质较为鲁钝的人，但却最专心、最用功，
对伊川的话，他常因不太明白而请问三四次。后来朱子也说："和
靖实在是一个十分钝的人，但他只以一个敬字做功夫，终做得成。"
又说："和靖不看其他书，只是持守得好。"可知和靖之学，只
是一个持敬。他说：

"学者切不可以为富贵是大事，富贵只是偶然的东西，一旦
心思用在富贵上，便不可以为学的了。"

"我有一天在陪侍伊川时说：我看曾子的每日三省，只是一
诚而已。伊川说：想不到你已看到这要紧的地方。"

"《乡党》一篇，是孔子门下弟子描写出一个圣人的德容的，学者要用心在这地方。"

伊川教人敬以直内为本，只有和靖能真正遵行，和靖曾说："伊川先生之教，只是专令用敬以直内，若用比理，则凡事不敢轻为，不敢妄为，不愧屋漏（屋中的阴暗处）了。"和靖自说："初见伊川时，伊川教我留心敬字，我请伊川再加解释，伊川说：主一便是敬。当时虽领受这语，但不及近来体会得亲切。"

"祁宽（和靖弟子）问如何是主一，和靖说：敬哪有什么形象，只是收敛身心，便是主一。如人到神祠中致敬时，心中收敛，不想其他事，这不就是主于一了吗？"

"吕紫微（吕本中，曾从学于和靖）问佛家轮回之说，说：若无轮回，人何苦为善，而不为恶？先生笑说：这样说便是私心，人生天地中，本性是善的，几时要你为恶做贼，人自太虚来，亦还归太虚，又哪有'我'在轮回呢？"

由上可见和靖所说道理平实，得伊川真传。和靖弟子林之奇曾记载和靖先生家居时，终日精神整肃，不说话，当家人问他饥渴欲食时，然后应答，此外便不再说话，可知他用心的程度。

程门诸弟子中，还有游酢（定夫）及王苹，也甚有名，游酢和谢上蔡、杨龟山，鼎足而三，称"程门高弟"。但他的著作失传，弟子也不多，而且他晚年好禅学，说儒者多不了解佛家的根本，只攻击佛氏之形迹。于是后来的胡五峰便说他是程门的罪人。盖定夫虽聪明，但所得于程子处尚未真切，此可见北宋诸儒提倡圣学之艰苦。

王苹，字信伯，伊川弟子。他的年纪辈分较龟山低；大概也受过龟山的指点，龟山对他最为赏识，说他能成就师门（伊川）

之学。尹和靖也和他很相得。他论学有许多精语，如：

"问致知的要点，信伯说：最好从切近处用心，好好体会喜怒哀乐未发之谓中。"又说：

"不要被中字阻碍了，只要看未发时如何。人心本来没有思虑，但人总是想着过去及将来的事，可知事未尝累心，只是心自累于事而已。"

"问：伊川说颜子并不是乐道，则究竟是乐什么呢？信伯答：心上不能留着一些意思，若真有所乐，便有所倚，功名富贵固无足乐，道德性命亦无可乐。"

按：颜子的乐，当然是体道而乐，但颜子的心空荡荡，并不以道为可乐，只是自然，王信伯这体会是很深的。

"禹汤文武之道，历代相传都相一致，但并不是传圣人之道，乃是传圣人之心，也可说不是传圣人之心，而是传自己的心。自己的心和圣人的心是一样的，心具备一切的善，只要能扩充出去，便是圣人之道。学者须是下学而上达，洒扫应对，便即是性命之理。圣人之道，本无本末精粗的分别，彻上彻下都只是一理。"

"问：仁，人心也（孟子语），而又说：以仁存心（孟子语），是什么道理呢？（意即是说仁即是人心，又为何说以仁来存心，好像仁在外面，不是心所本有。）信伯说：看书不能被文义所限，以仁存心，即是说能体现（呈现）仁而已。"

王信伯的论心，很像后来陆象山的说法，所以有人说象山之学源于信伯，其实那只是人的见解相同，象山未必是受到信伯的影响。

十七、罗豫章先生从彦（1072—1135年）

（附张九成）

罗从彦，字仲素，南剑（今福建南平）人，初跟吴仪（福建南平人）读书，专研经学。徽宗崇宁初年，在将乐见杨龟山。当时他见了龟山后，惊出一身冷汗，说："幸好来了这里，如果不是的话，便枉过这生了。"这是因为他平日以治经为学，见龟山后知道有圣贤的学问。他曾和龟山讨论易学，至《易·乾卦》九四爻，龟山说："伊川先生解说这处非常好。"他立即卖田储粮，从福建到河南，向伊川请教。这可见他求学的诚心。他见过伊川后，再回福建跟从龟山。他曾在宋高宗时任职主簿，但在职的时间不多。高宗绍兴五年卒，年六十四。学者称"豫章先生"。

豫章先生性格严毅清苦，龟山初见他时，说："只有从彦可以论道。"他跟从龟山问学，共二十余年，笃志好学，立志要明白圣人的真意。龟山初教他时，说饥渴害心（生理欲望最易影响人的心志），要豫章从这里思索，于是他便从这处入手，对世俗的嗜好都十分淡泊，由于他的笃志刻苦，切实用功，故得龟山的真传。

龟山以饥渴害心教豫章，要他从这思索，正是要豫章在情绪欲望未发时，体会那超越的中体，觉识这中体，便可发而皆中节，这是非常切要的功夫。龟山以这传豫章，豫章也以这传李延平，一脉相承，可谓切要。豫章说：

"古人之所以能入于圣道，是一定有原因的。如《中庸》一书，便是教学者尽心知性，自力实践而尽性的。而《中庸》开首便说：喜怒哀乐之未发谓之中。最后说：夫焉有所倚，肫肫其仁，渊渊其渊，浩浩其天。（圣人贯通天人的伟大表现，又哪有什么倚靠呢？完全是从他诚挚深静而又广大的仁心流露出来的。）这话是什么意思呢？若是认识不真，便差之毫厘，谬以千里了。所以大学之道，只是在于知所止（知道根本的目的），假若知所止，便知道学习的先后次序。若不知所止，那学问便不会有进步的了。"

所谓知所止，即是知本，而所谓本，即是天下的大中，即是人的本心本性。能自觉这本，涵养它，扩充它，学便有进。不然的话，即使是读尽天下书，也未必能进入圣贤之门。豫章最初以研经为学，见到龟山，所以会惊觉而汗流浃背，说不来先生这里，便要枉过此生，便是这意思。

"圣人无欲，君子寡欲，众人多欲。"

"嗜好是人情所不免的，能淡然处之，使它不形于外，那奸邪便无从而入，这样距离道也不远了。"

豫章以嗜欲害心，而强调寡欲，确是入道的切近功夫。

黄梨洲说："罗豫章静坐看未发的气象，这是程明道以来一直到李延平的一条血路。所以要静坐，并不是说道理只在静的地方，而是因为学者在入手下功夫时，心志未定，若不先冥心至静，又怎能觉察到这理呢？觉察到这理，久了便会成熟，便会动静合一。但若只待在静处，便会有弊病。"

梨洲这段话说得很是恰当，静坐求未发之中，是要从日常的纷然杂乱的感性生活中脱离开来，去体会那超越的中体，那是入手的功夫，而不是专意求静。

杨龟山的弟子，除罗从彦外，还有张九成（号"横浦先生"）也十分有名，他虽是龟山门人，但深受上蔡影响，如他论仁，本于上蔡以觉训仁的意思。他说：

"仁即是觉，觉即是心，因心生觉，因觉有仁，其实整个都只是仁，亦无觉，亦无心。说心说觉，已是有所区别，若是纯熟了，便都融化了。"

"若见道如同见到自己本来有的东西，那别的东西便不能混入。若闻道如同听闻自己妻儿的声音，那便不会被别的声音打乱。"

按：这便是熟。

"问：看古人的书，有心得时，便觉和古人没什么分别。横浦说：凡古人书中用得着的地方，便是自家原有的东西，其实都是一样，哪有古今之分，只是现在的人的作为多不是从本心流出的，所以和古人书上所记的不同。"

"当事亲时，便体认那事亲的是什么。当下反省，才识所谓仁。当事兄时，便体认取那事兄的是什么，才识所谓义。"

这亦即是明道识仁之说。

张横浦也好佛学，曾和宋代禅宗大师宗杲交游，于是当时人便说他的著作混合儒佛，甚至阳儒阴释（表面是儒，其实是佛），丧失儒家正义，后来朱子便对他大加抨击。但据上引几条，可见他乃是纯正儒者的见解，大概他对佛学比较同情，又有时作比附之论，不免使人怀疑，但如果说他阳儒阴释，则未免太过。

十八、李延平先生侗（1093—1163年）

　　李侗，字愿中，南剑（今福建南平）人，罗豫章的弟子，学者称"延平先生"。他初时一心读书考科举，二十四岁时，听说同乡罗豫章先生得程氏之学的真传，于是便写信求见。信上开首是一些仰慕的话，然后说："我往日因想考试中举，未能从先生问学，但今日见到圣贤之学，实在远比读书中举的求利禄的学问有意义。我曾听说过：道的滋养心灵，就好像食物能充饥，衣能御寒一样。但世人都急忙地谋衣谋食，以求免于饥寒，而全不反省自己的心，对这自己生命主宰的心灵，看它不如口腹，实在是太愚蠢了。"当时罗豫章并不为世所知，而只有延平深知他的学问，拜他为师。此后李延平便退居在家，不作世俗的应酬，过了四十多年如同隐士般的生活。虽然家境并不富裕，但他生活得非常适意。他的学问功夫，首先是默坐澄心，摆脱日常习欲的缠绕，以体证喜怒哀乐未发时的气象，静坐久了，体会久了，便会真切体会到天下的大本真的便是这个。既把握了大本，则从这大本而出的一切，虽然有种种不同的分殊表现，而其实是互相贯通、互相融合成一体的。各种行为表现，都有条理，都不可乱。于是大至天地，小至每一物品每一类别的理，无一不明白，于是便操存使更深固，涵养使更纯熟，而日用一切，便皆得其当。由此可见延平先生的深造于道。

　　他的默坐澄心以体认未发气象，正是龟山豫章一脉相传的入圣功夫，把握这大本后，便可贯通一切的理。这不同于伊川的向外格物穷理之说。大本即是仁心、本心。仁心一呈现，便与物为一体，一切皆从这流出。

李延平隐居了数十年，并未做官，也没有著书，幸好因朱子的远来问学，而有《延平答问》，他的学问见解才为人所知。《延平答问》的要语如下：

"某（延平自称）自听到师友的教训，赖上天所给予我的灵明，时常都把义理记在心上。虽然资质不佳，又被俗务妨碍，但亦未有一刻敢忘记。对于圣贤之言，亦时有会心，而略知其所以然。"

"往日曾闻于师友，说若学问有未得处，只要反求诸心便可以明白。若反身而诚，那精通和乐之形象便显，这便是自得处。"

"仁者浑然与物同体。了解这个大本不难，但还需要了解分殊，要丝毫都不差失，方是儒者的气象。（在日用行为间要表现得恰到好处，这便须学问。）"

"心要虚，专一，且要静，心若是不虚，则外物便会扰乱你，心便动。心一动则气便乘机牵动，于是便产生困惑，一困惑就不能专一，而喜怒哀乐都不能中节了。"

"初学时，要常存这心，勿为他事所胜过。每遇一事，即当就这事反复推寻，以明白这事的理。等到这事物的理完全明白，然后循序稍进，探究别的事。这样久了，积累得多，心里便会有洒然处，这境界并不是文字语言所能说出来的。"

"学问之道，并不在多言，只要能默坐澄心，体认天理。假使真有所见，那么虽是一点点那么少的私欲发出来，心中也会察觉，而马上消除它。长久地这样用力，便会日渐明白，而讲学方有力量，有作用。"

"学者的毛病，在于不能洒然冰解冻释，这样即使是用力去持守，也只是免于犯过，恐怕这并不是知道的境界。"

按：李延平十分能把握儒学的要点。对道德的体的把握，是第一步的功夫，所以他要默坐澄心，体认天理。但这天理并不是只属于你或我的，而是一切存在的所以然的理。所以第二步，便是要及于物，必要实证到一切事物的理，也只是一理，彼此相融相贯。再进一步，便是熟练的功夫，使理不只是一个被知解到的抽象之理，而是在一切人生日用之常而自然流露出来的，使人的具体生命活动都发而皆中节。若只理解到理的一，而不能用在分殊的日用中，那理便好像冰块一般，并不融溶。能融溶，心中便有洒然冰释之感。延平又说：

"我曾听罗豫章先生说：张横渠教人，要人留意神化二字，若心中所存的是神，便能所过者化，私吝的念头便全都没有了，整个生命浑然都是道理，那自然所过者化了。"

按：存神过化是孟子的话，说君子所存于心的是神（本心有不可测的大用，故说是神），而对外也有最伟大的感化力量。延平这里说明，要私吝之心尽去方是存神，方能过化。私吝尽去，便自然有动化的功效。

延平隐居四十年，不求闻达，他的学问真是纯粹的为己之学，自得之学，他真能受用到学问。这从朱子的记载中可以得知。

朱子说："李先生的涵养真与别人不同，真能做到不被外物所胜的地步。古人说：整日都无疾言厉色，他真是这个样子。人若去近的地方，必会慢行，若去远处，必行得稍急。他呢，去近地是这般走，去远地也是这般走，不会因路的远近而改变自己。一般人叫一个人，若叫了两三次那人还不来，便一定会大声呼叫。

他呢，虽然叫了几声，人还不来，他叫人的声音还是一样，不会加大。又若在坐的地方壁间有字，不要说别人，我自己也都不免要看看。李先生则坐时固然不会看，若是要看，则必会走到墙壁前看，不会顺便抬头去看。他的不被外物所影响时，大抵都是这样。"朱子又说：

"先生说一步是一步，例如说'仁者，其言也讱'（仁者说话如不能说出口般），我当时便说：圣人像天一般覆万物。先生说：不要说得这样广大，先要对'其言也讱'这话仔细了解。穷究'其言也讱'前头是一个怎样的心境，先要得一个进步处。"又说：

"李先生不曾著书，而涵养得极好。凡为学，也不过是如此地涵养，也没有什么别的议论，只是李先生整个人都充满了德性的意义，自然是他人所不及的。"

从上可见李延平先生是一位真正受用于学问的人，真正能以理义来养心，现在人的心态，和他比起来，真是相差太远了，对于这个地方，我们要仔细体会。

十九、胡文定先生安国（1074—1138年）
（附胡宪、胡寅）

　　胡安国，字康侯，建宁崇安（今福建武夷山市）人，学者称
"武夷先生"。生于北宋神宗熙宁七年，卒于南宋高宗绍兴八年，
享年六十五岁。他是二程的私淑者，虽然一生都无缘见到二程，
但和二程的弟子如谢上蔡、杨龟山、游定夫等皆相识，义兼师友。
他于哲宗时中进士第三人，初时任荆南教授，后入朝为太学博士。
高宗时，曾任给事中，后退隐于湖南衡山之下，讲学著书，于是
他与子侄们便居于湖南衡州。

　　文定少时识见已不同凡俗，中进士时，曾和各同年考中的进
士一起饮酒，过量而醉，于是一生不再饮酒。他有一段时间很喜
欢弈棋，母亲责备他说："中了进士，难道只是在棋艺上表现吗？"
于是他从此便不再下棋。当他任官时曾经过衡山，本想登山一观
景色，已准备起行，但一想到登山并不是公事，便不去了。后来
因几次流徙，以致家境贫困，但他口中绝不说一贫字，曾告诫子
弟说："对人说贫，那心中是想求什么呢？"他的朋友朱震被召为官，
问他出处（出仕或不出仕）之道。他说："世间事只有讨论学问
及政事要切实的问人，其他事情，都要自己决断，不可依赖别人
替自己决定，事实上也是没有人可替你决定的，我自己的进退出处，
都由自己内心所决断，虽是平生所敬佩的师友，也不曾拿这个来
问他们。"他壮年时曾读佛书，后来摒弃不观。

他在答门人曾吉甫书中说：

"穷理尽性，是圣门事业。每一事物都详细考察，是知的开始，以一个总原则来贯串一切知，是知的完成。圣门之学，以致知为开始，以穷理为要点。知至理得，本心不迷，便如日当中，万物都看见，便对自己的行为不会有怀疑，而可以合内外了。"又说：

"良知良能，即是爱亲敬长的本心，儒者要将这本心扩而充之，而及于天下万物。佛家则认为，这是前生的业力，是妄想，要将这根本的天性连根拔起，与儒者正是相反。谁说儒佛两不相妨呢？"

由此可见他的人品和学问的造诣。

胡文定任荆门教授时，因后来杨龟山替代他的职位，于是二人认识结交，由杨龟山而先后认识游定夫及谢上蔡，但始终未见到程伊川。在文定任湖北提举时，谢上蔡任文定所管辖区内一地方官，于是文定是长官，而上蔡是下属，但文定却请杨时写介绍信求见上蔡。信送去后，文定便以后学之礼拜见。当地人都感到奇怪，为什么知县不迎接提举呢？胡文定虽然不算是上蔡的子弟，但他的学问许多都是从上蔡处得来的。因胡文定气魄甚大，只有为人英发的上蔡才能使他衷心佩服，胡文定在南宋初年提倡二程的学问，影响很大。

胡文定除了专研二程的洛学外，对《春秋》也很有心得，著有《春秋传》，共费时二十余年。他的春秋学，是承继孙泰山尊王攘夷之意的。曾在任宋高宗的侍讲时，专讲《春秋》，高宗极为佩服。

胡文定的儿子胡宏号"五峰先生"，开湖湘一派之学，下面再详述。除胡宏外，文定的侄儿胡宪、胡寅，都有名于当时。

胡宪，字原仲，学者称"籍溪先生"，他学于文定，得程氏学问的要旨，朱子（熹）的父亲朱松和他是好朋友，曾遗命朱子从学于籍溪。他因不喜秦桧，故不肯出仕，在家讲学，从学的人很多。当时的士大夫都敬重他的人格。

胡寅，字仲明，学者称"致堂先生"，他少年狡黠难教，父亲（胡文定的兄长）将他禁闭在一间空房中，胡文定则将数千卷书放在那房中。过了一年多，他竟把那些书都读熟了，后中进士。不久北宋亡，宋高宗在南方即位，他上书劝高宗恢复河山，迎返徽钦二帝。但当时正是秦桧当国，他便告老归家，但秦桧却不放过他，把他贬到新州，桧死才复官。在贬所没有书籍，他凭记忆写了《读史管见》一书，他的儿子胡大原，字伯逢，和弟子胡广仲等都能笃守所学，曾和朱子及张南轩辩论。

胡致堂著有《崇正辨》，其中很多精语，如：

"圣学以心为本，圣人教人正其心，人心所共同肯定同意的是理和义。穷理和精义，则心的体用便全具备了。"

"圣人的心即是理，理即是心。以这心的一来贯穿一切，是是非非，曲曲直直，各得其所。任物自主，好像全和我无关般。"

"圣人的教人，是顺着人人本有的是非之心来教的，使人是非判断恰当。能是非不乱，则天下事便定了。"

另有一段评论佛教，也很精要：

"或问：儒家学者晚年多陷溺在佛教中，是什么缘故呢？答：那些人虽是学习儒家，但没有真正的心得。年纪大了，智力也衰退了，他的心便想要休息停止了。但又感到不安，于是一旦听到好像比自己所学的更为高深之说法，便顺从了去。好像人在平地中走时不感困难，遇到高山深河，便难前进了。在这时人告诉他有捷径可走，当然便高兴地跟着去了。这好比是寄托在逆旅的人，因为没有安居，只好寄身逆旅。未有已安于家的人，而喜欢在逆旅中的。未有真正安于儒学的人，会喜欢佛学的。"

　　圣贤之学是人生的常理常道，便好比人的安居，但这安居却不是随意便可以住得安稳的，必须时刻做存天理、去人欲的功夫。而人年纪一大，意志便松懈，克己复礼的功夫便做不下去，又以无闻为耻，于是便贪求方便，好高骛远，便陷入异端。致堂这番话实在很切当。

二十、胡五峰先生宏（1105—1161年）

（一）

胡宏,字仁仲,建宁崇安(今福建武夷山市)人,胡安国的幼子,学者称"五峰先生"。他自小便有志于圣贤之学,曾到京城见杨龟山,又曾问学于侯师圣（二程门人）,但影响最大的则是他的父亲。他一方面承继了家学,一方面自己深造自得,而成为南宋初年的儒学大师。当时秦桧担任宰相,曾有意拉拢胡五峰出来做官,但五峰不肯,隐居在湖南衡山二十多年,潜心于研究学问。他从上蔡龟山的学问而上接二程,以至周濂溪、张横渠,是宋室南渡后能承继消化北宋儒学的第一个人。如同二程的弟子一样,他对二程的分别也并不注意,而是以大程子为主而继承二程的学问,以大程识仁定性的逆觉体证的功夫立本,以格物致知的功夫为辅助。

在高宗绍兴年间,五峰曾上书说:

"治天下是有根本的,这根本便是仁。仁是什么呢？仁便是心。心是不易捉摸的,要怎样才能知道心的本体呢？一有不察,便不能知的了。有所顾虑,有所畏惧,则虽有能知能察的良心,也会逐渐不自觉地消失了。这是臣的最大忧虑。"

朱子后来说:"秦桧当国时,许多故家子弟都被他笼络了,败坏了家声,只有胡氏兄弟能立得稳,终不肯归附秦桧。"五峰著有《知言》及《诗文集》。

《知言》一书，立论精微，可和张横渠的《正蒙》相比。"知言"一词出自《论语》："不知言，无以知人也。"意思是说从别人言语的得失而了解那人为人的正当或不正当。下面摘录《知言》一些重要段落：

"道充塞在我们的身体及天地间，一般见识浅狭的人却不知道它的广大。道其实就存在于我们日常的饮食男女的生活中，但沉溺在欲望里头的人，却不知道日常生活就是精微的道的呈现。而诸子百家则以私意来臆测它，以辩论来修饰它，又加上一般传闻习见的蒙蔽，使得对于所谓道理，人都茫然不解。因此异端邪说及不正当的行为才会盛行，而一般人很少不会受到迷惑的。"

"既是如此，我们要怎么办呢？我们要修好自己。如夫妻的生活，一般人都视为可羞的，那是把它看成淫欲的缘故，但圣人却安于它，并不禁绝。那是认为夫妻生活是阴阳和合，能使人生持续不断的。只要以敬来面对夫妻的生活，以礼以道来处它，那便是得到性命之正，是最合理的道的呈现。说夫妻生活是淫欲的人，不是很愚陋吗？天得到地的配合，才有万物，夫得妇而后有男女，君得臣而后有万民，这便是极致的道理。"

这是儒家肯定人生的智慧。只要人能端正自己，以合理的态度来对待人生的种种活动，则人生的活动都是合理的、充满意义的。但你若陷在私欲中，则一切都是邪恶的。所以他又说：

"天理人欲，同体而异用，同行而异情。"

这是说，同一事情，在君子做起来，便是天理；在小人做起来，便成为私欲。（同体是同一事件，而不是同一本体，同一本体是不通的。）这是立心不同的缘故。同是一样的行为，君子和小人的实情也不一样，如同是吃饭，圣贤君子是保身维体，而小人则会放纵食欲。

"喜好及憎恶，是人本性所有的，但小人的好恶，是由私心出来的（好恶以己）；而君子的好恶，则是由道出来的（好恶以道）。知道这个分别，那便可以知道什么是天理，什么是人欲了。"

同是好及恶，但却有君子的好恶及小人的好恶的不同，此即上面说的"同体而异用，同行而异情"，在于心的实情如何。君子的好恶，也如前面程明道所说，喜怒不系于心而系于物，该喜而喜，该怒而怒，这是好恶以道。好恶从公心、道心出来，而不是从私心、欲望里出来，所以天理便是公，人欲便是私。如果是合于理的，合于道的好恶，便是天理。若不是，便是人欲。"存（保存）天理，去（克服）人欲"，是宋明理学家的共同主张。但这不是如一般人所说的，宋明儒要消灭人的欲望，违反人性，而是要人好恶合理，胡五峰的"同体而异用""好恶以己、好恶以道"及"道充塞于天地"等言论，正是很切要地表示这意思。

人若能省察自己的心，便会察觉自己的心本来便是光明洁白的，是非善恶都一清二楚，而且要亲亲仁民，无限地往外推展，要使整个世界都在这仁心的含覆之下，希望在这世上的一切人一切物都合理地存在，我们由这便可以看到，我们这心是最广大的、最普遍的，五峰说：

"心无所不在，它本着天地变化之道，而实现在日常生活中，它可与天地并立，而具备着万物，所以心是最广大的，是至善的。"

"但人却常让这广大的心走失了，于是有些人便认为耳闻目见是心的拖累，父子夫妇是自己的拖累，而另外一些人则营营役役地去满足自己的欲望，不知道自己已堕在私欲的泥淖中，反而论事情的是非，论说别人的长短，实在是可悲。所以孟子说：为学之道无他，求其放心（把走失的本心找回来）便是了。"

"凡是上天赋予众人的，圣人也有。有人以为情是拖累，但圣人不抛弃情。有人以为人的才性是有毛病的，圣人并不认为有毛病。有人以为欲望是不好的，圣人却不断绝欲望。有人以为智术是有伤于道德的，而圣人并不弃绝智术。有人以为有忧虑是表示不够达观，但圣人也有忧虑。有人以为有怨怒是器度不弘，但圣人也不是全没有怨怒。如此则圣人和众人有何分别呢？圣人是合理地表现出上述的一切，而众人则不是。顺理而发的便是正，不合理而发便是邪。正者便为善，邪者便为恶。"

"天所赋予给人的便是人的性，性，是天下的大本。但尧、舜、禹、汤、文王、孔子六君子都说心，而不说性，是什么道理呢？那是因为心是可主宰天地而彰显性的缘故。君子是能尽心的人，能尽心，所以能成立天下的大本，人道的根基方能立。而人至今日，仍是靠他们所建立的人道才能生存，如果不是，则邪说异学一齐并作，人各一说，又如何能统一呢？"

五峰在这里提出"以心成性"的说法，在他的学理中是非常重要的观念。性本是人的道德实践的根据，即我们之所以能够不断有道德的活动，一定是因为我们有能生出道德活动的性，这性当然是善的。据胡五峰的意见，这道德的本体的性，也是天理，它是使一切存在的根本。当人去尽心时，便可将这为天下的大本的性的意义具体地彰显出来，即是说，天理通过人的心知活动而具体地显出其意义。这便是五峰所说的"以心成性"的义理。

胡五峰的学问，是从消化北宋的周濂溪、张横渠及程明道而来的，周、张、大程的学问，首先都是从客观面的天理天道说下来，不是从人的本心说上去，因为他们都从《易传》《中庸》入手。《易传》《中庸》是从天理天道说下来，说一切的存在都以天道为其性，天道生生不已，而天地万物皆得其正命，皆得其理。但这样只说出道的形式的意义，究竟道的内容意义是什么，是没有说明的。要印证道的内容意义，便要从本心上说，于是本心便是天道天理的具体的形著，天理天道浩浩无穷，必须通过本心明觉的呈现，天道的意义才具体地实现出来，于是人的心便是天道天理的显发处。这以心著性成性的说法，是从客观面的性与天道说下来后，再从主观面的心说上去，必然会有的义理。客观面的性及天道，必须通过主观面的心的呈现，才能彰显出内容意义。所以五峰说心可以主宰天地，而彰显性。五峰说性，是从客观面的为天地万物的大本处说，而不是从实践道德的根据处说。

（二）

"彪居正（五峰的弟子）问：心（本心）是无穷无尽的，为什么孟子会说尽心？五峰答：只有仁者（有仁德的人）能够尽他的心。居正问：如何为仁？答：如要为仁，先要识仁的体。几天后，有人问：人之所以会不仁，是因为他放失他的良心的缘故，那就在良心的放失时把心找回来，可以吗？五峰答：当齐宣王见到牛在发抖而不忍心杀它时，便是他的良心发现的根苗，这良心的根苗，即使是人在利欲熏心中仍是随时出现的。一旦良心发现，人便可保守着它，不让它再流失，再充实它，涵养它，便可使它盛大，大至无穷，便会和天同体了。这良心一切人都有，只是发露的时机不同而已，最重要的是人要在它发露时省识。"

这段是十分亲切的指点，正是逆觉体证的功夫。人在良心发露时觉察，便是求仁的最切要的功夫，而这良心是没有人不能觉察的。

"天下间没有比心更大的，只恐怕人不能推广它；没有比心为更恒久的，只恐怕人不能顺着它；没有比'命'为更定（成）的，只是怕人不能知它、信它而已。不能扩充本心，所以不能与人物内外合一；不能顺，所以不能通死生和昼夜；不能信，所以不能安于富贵贫贱。"

从本心的亲亲仁民爱物，便可见心的大。由天理也只是此心，可见心的久。人只要本着自己的良心去做，那一切的遭遇人都可以安处。

"天地，是圣人的父母；圣人，是天地的儿子。有父母，便有儿子；有儿子，便有父母。从子显现出来的便是万物的根本——'道'。有这道，便有这名字。圣人为要说明它的本体，故把它叫做'性'，为要指明它的作用，把它叫做'心'。'性'是不能不动，动便是心。圣人便是传心的，教天下人以仁心。"

天地的道，显现在圣人的生命活动中。所以有天地之道，便会生出圣人，有圣人，便彰显出天地之道。而圣人的心，便是天地之道的具体化，心形著（使无形的东西具有形状）了道。

"学贵大成，不贵小用，大成是养成伟大的人格，和天地并立，小用即是谋利计功，只注重现实上的效果。"

"仁者是人所以相似于天地之要点。"

"万物都是性所有的，圣人尽性，所以不会弃物。"

从周濂溪、张横渠开始，北宋儒者都认为天道便是人的性，所以说性便是天地万物的体。而到胡五峰，他一方面保存北宋以道体说性的传统，一方面则提倡以心著性、以心成性的说法，这穆穆无穷的道体性体的意义，是通过心的活动而彰显出来的，通过心，性才呈现、才成。我们尽心地不断地实践，便是天道性体的不断彰显，不断形成。所以五峰说，学要大成，要和天地参（合，或与天地并立），而万物都是我性中所有，不能遗弃任何一物。而在人心中所流露出来的"仁"，便是天地的道的具体呈现，可见他很能把握北宋的周、张、大程等人的学问。

除上述是胡五峰学问的特色外，五峰的《知言》还有许多精彩的语句，如：

"静观万物的理，而心里得到喜悦，是很容易的；但在动时能恰当地处理事物，又能使心快乐，不为动所干扰的，便很困难了。所以君子的为学，要仁智合一，才算是学成，学成然后可以成就自己及成就外物。仁心须同时有智，才可以对外成物。"

"尧舜把整个天下给了人（尧让天下于舜，舜给禹）而不曾希望别人感激他。汤武取了别人的天下，但丝毫没有觉得有夺取别人江山的嫌疑。所以天下间是没有所谓大事的，我自己不能大，那便会以事情为大，所以会感到难处。"

按：以公道行事，虽以天下给人，或取人的天下，都丝毫不觉是大事，心不会因此而动，所以五峰说："天下莫大于心，莫久于心。"

"学要博，但不要杂，持守要约（守住要点），但不要孤（孤陋）。杂好像博，陋好像约，学者不可不仔细分别。"

"情一流荡，便难遏制，气一动，便难平伏，如果情流荡了才要去遏制，气动了才要去平伏，当然是十分困难的。如果在情未流荡时省察它，涵养它，那便用不着遏止，在气未动时省察和涵养，便用不着平伏了。所以平时若能省察，虽和物接触，也不致受惑，平时能涵养，虽被外物所刺激，也不致背离（动气）。"

"性定，则心便可做主宰，心能自做主宰，物便随我。"

"气受外物所惑，于是便大发雷霆，不能约制。只有明智的人才能自我反省，有勇气的人才能自断。这只是事情的错误，并非大过，或许只是未能得到处理事情的方法而已，但若是心中有了迷惑，那便是过错。心的过错是很难改的，若改了，便无过了。"

按：心过难改，而心是生命的主宰，所以在心上下工夫是最切近要紧的功夫。

"生存本来没有什么值得喜欢，人之所以喜欢生存，是因为欲望的缘故。死本来没有什么可讨厌的，人讨厌死亡，也是因为欲望的缘故。生存时一心要求满足欲望，到死时，又怕失去了所有的一切。于是整个天地之间，无不以满足欲望为事，而心学便不传了。"

"现在的学者略有所得，便很高兴地以为天下的美都已在自己身上，认为自己所懂的道理是最高的道理，这正是自暴自弃，浪费光阴。其实，若是知道了极致的道理，便要做到，知道最终的境界，便要完成，刚健不怠，到功夫深了，便要停也停不住，所以现在要以速成为戒。"

"为学是终身的事，天地日月何等长久，要勇猛精进，又从容熏陶，一步一步由下而高，从近而远，便可有常而日新。"

朱子对胡五峰《知言》虽然推重，但也有许多不同意的地方，他写了一篇《知言疑义》，说《知言》有疑问的地方共八处，其实朱子的怀疑都并不很恰当。朱子并不能十分了解五峰的学理，而当时五峰弟子张南轩也不能矫正朱子对五峰的误解，因他也不十分了解五峰学问的精义，于是五峰的"同体异用，同行异情"及"以心著性，尽心成性"的义理，并不能由他的弟子发扬光大，而朱子对五峰《知言》之疑义，因太过专门，今从略。

张南轩起初求见胡五峰，五峰推辞说有病，不肯见。后来南轩见到五峰另一弟子孙正孺，问起五峰不见他的缘故。正孺说："先生说：他家好佛，我见他做什么？"南轩才知道五峰不见他的原因，于是再诚恳地求见，终于成为五峰最著名的弟子。

下录五峰批评佛学的言论：

"河南程先生有说：道之外没有事，事之外没有道（道含一切事），子女的侍奉父母，夫妻的生活及育养子女，这都是佛教所说的幻象、粗迹，不应看重的。但他们实在不知道，这些都是天性的必然（根于天性），是不可磨灭的。一切最奥妙的道、最精微的义，都在那里。佛教不能了解这最真实最究竟的道理，于是以为天地人生为梦幻般不真实的事，以为这不可磨灭的本心是妄想，是执着，于是绝不肯从事于这等人生活动，而另谈一种所谓精妙道理。不知他们所说的心是什么心，所说的性是哪种性。万物都具备在我身上，我只要真实地实现出来便是。仁是体要，义是权衡，用仁义来面对一切，一切都得其所，而人便可与天地合德，佛教中人狭隘褊小，不能好好安顿他自己的身心，而一定要出家，灭绝天伦，摒弃人理，才算是道，这不正是邪说吗？"

胡五峰的其他弟子，如胡实（字广仲）、胡大原（字伯逢）及吴翌（字晦叔）等，都比较笃守五峰的学说，曾和朱子及张南轩辩论，不满意朱子的《知言疑义》，以及南轩顺从朱子的说法，但可惜他们的学力不足，在和朱子辩论时，给朱子都压了下去，又皆年寿不长，于是五峰的湖湘之学便传不下去了。

二十一、朱晦庵先生熹（1130—1200年）

（一）

朱熹，字符晦，一字仲晦，别号有很多，有晦庵、晦翁、云谷老人、沧州病叟、遁翁等，婺源（今江西婺源）人。生于宋高宗建炎四年，卒于宁宗庆元六年，享年七十一，死后被谥为"文"，所以世称"朱文公"，但通常称他为"朱子"。他父亲名松，字乔年，号韦斋，是罗从彦（豫章）的弟子，曾中进士，任职司勋吏部郎，因不赞成秦桧和金人议和而离开朝廷，到福建任官，不久辞官归里，朱子便在这时出生。朱韦斋先生一生行谊及学问，甚为当时人所推重。

朱子自幼便非常聪敏，当他刚会说话时，韦斋先生指着天告诉他，那是天，他便问："天之上是什么呢？"五岁时读《孝经》，他看完，便在书上题着："如果不是这样，便不是人了。"曾有一次和小孩子们一同在沙上游戏，但不久他独自很端正地在沙上画起符号来，别人走近一看，原来画的是《易经》上八卦的符号。由此可见他有志于学的时间之早。十四岁时，父亲韦斋先生便不幸去世，临终时嘱咐他向胡宪、刘勉之、刘子翚三位先生求教。他谨遵遗命，师事三位先生，三位先生也视他如子侄，而其中刘勉之先生更将女儿嫁给他。他十五六岁时读《中庸》"人一能之，己百之，人十能之，己千之"一章，见吕与叔的解释痛快，悚然

116 ·

警厉奋发。后来他自己说："我十四五岁时，已经觉得这个是好东西（指义理、圣贤之学），心里便十分喜欢。"他十九岁中进士，二十二岁任同安县（今福建省厦门市同安区）主簿。他在任内正风俗、兴教化，政绩卓著，百姓都受他的感化。这时朱子除读儒家经典外，也有兴趣于佛学。在二十四岁时，他步行数百里，往见他父亲的同学李延平先生，得到延平的指点，便感到佛老之道的不对，于是切实做儒家的修养功夫。延平对他也极为看重。但这时朱子对延平的教法及学问尚未十分了解，朱子本身也有自己的想法，所以这时朱子只把延平看作长辈，还没有拜他为师。后来朱子回同安县，在政事之暇，再三思量，才了解延平学问的正确。于是二十九岁时他再去见延平，详细求教。三十一岁时，他才正式称弟子，朝夕受教，几个月后才离去。延平称赞他"乐善好义，力行可畏"，而且"论难切至"（讨论问题十分深入），是"自见罗先生（豫章）以来，未见有如此者""此人别无他事，一味潜心于此（专心在义理之学上）"。可见朱子的力学专致。

孝宗即位，下诏希望人上书直言国事，朱子便上书，首先劝孝宗格物致知，明事理之变，正心诚意，以应天下的事情，其次认为金人是中国的世仇，反对和金讲和，再次强调地方吏治关系民生的休戚，要孝宗注意用人，所论十分中肯。第二年，孝宗召见他，他重提前面的意见，孝宗十分同意他的见解，但当时先后的宰相汤思退、洪适等都主张和议，朱子的想法便无从实现。因此虽然朝廷几次召他为官，他都极力推辞，不肯就职。孝宗说他"安贫守道，廉退可嘉"，极力要他就职，但他还是推辞不就。这期间他共家居十多年，专心研究学问，教授弟子，又和四方学者讨论心得，当时和他交游论学的，主要有张南轩（栻）、吕东莱（祖谦）和陆象山（九渊）。

张南轩是胡五峰的弟子，朱子在三十八岁时往湖南长沙探访张南轩，和他讨论中和问题，这时候是朱子学问路向决定的时刻，前后几年他苦苦参究中和问题，到三十九岁，他关于"中和新说"的书已经写成，然后他的学问见解才告确立，即在这时他才有真实的属于自己的见解，而他这几年间主要的论学朋友便是张南轩。

吕东莱是当时浙东学派（见后）的大师，在朱子四十六岁时，吕东莱来探访，二人畅论学术，又共同编纂《近思录》（这是北宋各理学家的重要语录及文章的选辑）。当时江西的陆象山先生也是当代大师，但学问见解却和朱子有许多不同的地方，于是吕东莱便邀约朱陆两位大师作一次会谈，好好讨论，希望两人能沟通意见以求得到一个两人同意的理论，使学术不致产生分裂。于是朱陆二人便在江西的鹅湖寺聚会。当时出席的除朱子、陆象山、吕东莱外，还有象山的哥哥九龄。朱陆双方讨论了十天，但当时两人学问已定，且见解也不相同，短短几天当然不能使两人互相了解。所以经过这次讨论，他们的见解并不能达成一致。但二位所见虽不同，却都能互相推重。（关于鹅湖之会，留在后面陆象山章详述。）

过了三年，孝宗淳熙五年（1178年），朱子四十九岁，受命治理南康军（军是宋朝行政区域单位），当地刚在那时发生荒旱，他极力救灾，救活许多人命，又提倡教育，重建白鹿洞书院（这书院始建于五代南唐，至南宋时已毁坏），手订著名的"白鹿洞学规"，除自己主讲外，又请当时各名儒来讲学。淳熙七年（1180年）陆九龄卒，象山特来拜访朱子，请他为九龄写墓志铭，这是以长辈之礼来待朱子，对朱子十分尊重。这时两人相见甚和洽，

一起泛舟。朱子并请象山在白鹿洞书院讲《论语》"君子喻于义，
小人喻于利"章，陆象山讲得很有精神，将义理发挥得淋漓尽致，
当时的听众中有感动而流下泪来的。当时天气已微寒，但朱子要
不断用扇，可见他也很受感动。这时两人都心平气和，又互相推重，
应是最好的讨论时机，但两人似乎仍不能好好讨论，只同游几天
便别过了。

　　朱子在南康军任内，因感于灾旱连年，百姓流离，于是上书
劝谏孝宗正心术、择贤良。又批评孝宗用人不当，以致左右近臣
都是小人，孝宗看后不禁大怒，幸好有人为他说话，才不致加罪，
只把他调到江西常平任职。不久，浙东又闹饥荒，孝宗乃调他到
浙东救荒，他又上书，痛论灾旱的原因，以及吏治不良、贿赂公
行的现象，孝宗读后也为之动容。朱子在浙东救荒，成效极著，
一般贪官污吏都因惧怕朱子而自动离开。不久朱子见政局不良，
无意仕途，又辞职居家，专心讲学。虽然孝宗几次要他任职，但
他都力辞不就。当时逐渐有人毁谤他，说他所讲的学问是"伪学"，
淳熙十五年（1188 年），周必大为相，力请朱子任职，朱子便到
京城，当时有人跟他说："你一向所说的正心诚意那一套，皇上
已听厌了，你不要再说了吧。"朱子答道："我平生所学，就只
有这'正心诚意'四字，岂可以不说以欺瞒君上呢？"及见到皇帝，
仍不改他的说法，又力劝孝宗罢斥小人，然后以足病请辞还乡。
当时又有侍郎林栗上奏弹劾朱子的学说为伪学，但周必大、叶适
等都声援朱子，林栗反而因此被贬官。不久孝宗再召朱子入朝，
朱子认为口说不能详尽，便上书孝宗，说今日的中国，已经好比
一重病的人，从心腹以至四肢，无有一处不病，劝孝宗正心以立
大本，教养太子，选任人臣，振纲纪，变风俗，爱养民力，修明军政。

孝宗接到奏章时，已是深夜，但也马上起来，点起蜡烛，读完后再就寝。第二日孝宗便要朱子任官，但朱子还是推辞了。

不久，孝宗禅位光宗。这时朱子被召往长沙任职，这次他不再推辞了。正好当地獠人作乱，朱子派人以祸福之道劝他们，他们马上投降。他在长沙修武备，整饬吏治，兴教化，四方学者云集。后因光宗有病，又对孝宗不孝，大臣赵汝愚及韩侂胄合力迫光宗退位，迎立光宗子宁宗。赵汝愚不久为宰相，推荐朱子为侍讲，于是朱子便入朝，对宁宗讲解《大学》。因当时韩侂胄逐渐把持朝政，任用私人，朱子便劝宁宗小心，提防韩氏，因而触怒了侂胄。朱子只任侍讲四十六天，便罢侍讲，改任他职。不久赵汝愚也被韩侂胄排斥，贬到远方。朱子十分愤慨，便要上书宁宗，痛论韩氏的奸邪，经过门人力劝才作罢。在这年他便改号遯翁，遯是隐遁意思，表示不过问国家事情了。韩侂胄大权独揽，并大肆攻击朱子，说朱子的学术为"伪学"，称朱子及其他不阿附自己的人为"逆党"，削去朱子官职，更有人说朱子阴谋不轨，要判他斩刑。当时情势非常紧张，有些弟子都隐伏不敢露面，有些懦弱的，便改投别人门下，更有些换去儒服，在市肆中冶游放浪，以表示和朱子无关。这次事件史称"庆元党祸"。朱子的大弟子蔡元定，也因这次事件而被远贬，结果死在贬所。当时有人劝朱子遣散徒众以避祸，但他笑而不答，仍讲学不辍，这可见他的刚毅无畏。但这时他已衰老，于庆元六年（1200 年）三月，卒于福建建阳考亭家中，年七十一。他在去世前两天，还为弟子讲解周濂溪的《太极图说》，又改写他所作的《大学章句》中《诚意》章的批注，真可谓一生尽瘁于学问。这年冬十一月，葬于建阳，当时朝中有人说："四方伪徒（指朱子门人）集合送葬，定会妄谈时政，须令地方官府注意约束。"但朱子的门人及朋友都不怕恫吓，到葬礼举行时，从四方而来送葬的共有千余人。

当时的大词人辛弃疾听到朱子去世的消息，马上作了一首词来哀悼，词中最后说："子云何在，应有《玄经》遗草。江河流日夜，何时了。"子云是汉代学者扬雄的字，曾作《太玄经》，这里用扬雄譬喻朱子，说他的著作必会流传，为世人所推重。江河流日夜是说朱子的名声将永垂不朽。后来辛弃疾亲往哭祭朱子，作有祭文，有："所不朽者，垂万世名，孰谓公死，凛凛犹生！"之句。

朱子自十九岁登进士，七十一岁而逝，其间只做了几任地方官，在朝为侍讲只四十余日，晚年更遭党祸，几乎遭遇不测，在政治上可说是郁郁不得志。但在思想学术文化上，朱子的成就及影响，在当时是无人能比的。韩侂胄死后，宁宗谥朱子曰"文"，理宗时追封为信国公，以周、张、二程及朱子从祀孔庙。明太祖时以朱子的著作立学官，为士人必读的书，学者都以他的学说为宗，明清科举都以他的书为标准本。

（二）

朱子治学勤笃，从壮至老，每日都讲学、读书、著书，从无间断，虽身染疾病，也不肯稍事休息，天明便起，深夜才息。门人方伯谟曾劝他保重身体，少著书，他说："在世间吃了饭后，全不做些子事，无道理。"朱子的学问，大抵顺着程伊川的格物穷理的说法而往前进，认为天下事事物物，都有其理，所以天下事，没有是不应当理会的。若少理会了一事，便少懂了一理，所以他的著作范围极广，下面列出较为重要的著作及年代：

三十岁　校定《上蔡语录》（朱子说他初学时颇受《上蔡语录》的启发）

三十九岁　编《程氏遗书》

四十三岁　编著《论孟精义》《资治通鉴纲目》《八朝名臣言行录》《西铭解义》

四十四岁　编著《太极图说解》《通书解》，编《程氏外书》《伊洛渊源录》

四十五岁　编《古今家祭礼》

四十六岁　编著《近思录》（与吕祖谦合编）

四十八岁　编著《论孟集注》及《论孟或问》《诗集传》《周易本义》

五十七岁　著《易学启蒙》

五十八岁　编著《小学书》

六十岁　序《大学章句》及《中庸章句》

六十一岁　刊行"四经"（《易本义》《诗集传》《书经与春秋》）及《四书集注》

六十三岁　编著《孟子要略》

六十六岁　编著《楚辞集注》

六十七岁　著《仪礼经传通解》

六十八岁　著《韩文考异》《参同契考异》

六十九岁　著《书集传》（口授门人蔡沈）

七十岁　著《楚辞注后语辩证》

七十一岁　三月，改《大学·诚意章注》，是月卒。

上表所列的著作虽多，但都是朱子的精心作品，绝无粗滥，其中他把《论语》《孟子》《大学》《中庸》合称为"四书"，对后世影响最大。他一生几乎都在讲解"四书"，而他的基本见解，大都是对"四书"的研究而起的。他关于"四书"的著作有《四书集注》《四书或问》等。这些著作都是经过反复思考，感到毫无疑问才下笔的，其中《四书集注》是宋代以后的学人必读书，影响极大。

（三）

朱子的学问见解，确立在他三十七岁至四十岁时对中和问题的参究，中和问题一定调，他的见解也确立了，故先叙述他的中和说。

朱子的父亲朱松以及老师李延平，都是罗豫章弟子，都秉承杨龟山、罗豫章体会喜怒哀乐之未发之中的功夫，所以朱子对这个功夫当然早有所闻，但当他从李延平问学时，对李延平的说法并未能真正了解，朱子后来追述说："当时并未了解，辜负了老师。"而朱子后来深究中和问题，是因读伊川和吕与叔的讨论而引发的，朱子顺着伊川的路子，一步步地将伊川的说法，所代表的义理证成。

朱子在三十九岁时，有和张南轩论中和的四封书信，而这四封书信，朱子后来都说不对。到四十岁时，他便有一个确定的讲法，又写了三封信给张南轩及湖南诸学者，于是朱子对中和问题前后有两种讲法，我们便可称为朱子的"中和新说"和"中和旧说"，明白了二者的分别，便可知道朱子学说的纲领。

朱子在"中和旧说"的第一封书信中说：

"人一旦有生命，便有知识，于是事物不住地来，人忙于应接，不住用思，以至于死，其中没有片刻停息。所有的人都是这样的，但圣人却有所谓未发之中，寂然不动者，难道是以日用流行的为已发，而指那暂时休息而未接物之际为未发呢？我曾在这方面用心，发觉泯然无觉之中，邪暗郁压，好像并不是可以应物的虚明的体。在这期间，一有觉，那便是已发，已发便不是寂然不动的体。这样愈要求它，愈不能见到。于是我便回头体会日用流行之间，发觉有一个感它便通，触它便觉，浑然的应物而不穷的体，那便是天命流行而给予我的生生不息之机，虽一日之中，事物应接万起万灭，但这寂然的本体，却未尝因此而不寂然，则所谓未发的体便是这个了。哪会别有一个东西，限在一时、一地，而可叫作中呢？"

按：这在日常生活中反省到的所谓中，并不是那心之未发时的浑然无觉的状态，而是在日用之间有一个浑全应物不穷的本体，这是逆觉体证以显本心的路数，而这本心便是中体，这便合于北宋诸子及孟子的义理。朱子的"中和旧说"第三书说（原本《宋元学案》列为第二书）：

"我日前所见及前后所说的，只是笼统见到大本达道的影像，便执认以为是了。其实只见得一个直截根源，倾湫（水名）倒海的气象，日间如同在洪涛巨浪之中，不能有一刻停顿。因为我的见解一向都是这样，所以在应事接物时只觉粗厉勇果比以前增加了许多，但宽裕雍容的气度却一点也没有。虽然我也曾自觉到这毛病，但不知道这毛病是从什么地方来的。从现在起我才知道，在浩浩无穷的大化流行中，自家有自家的安宅，而这自身的安宅正是自家安身立命、主宰知觉的根本，这亦即是所谓立大本行达道的枢要。"

按：朱子所说的安宅，人本达道，是指本心而说。本心虚灵不昧，既是理，也是活动，朱子这时的说法，是合于孟子义的。

但第二年，当朱子四十岁时，和门人蔡元定讨论"未发"的问题，忽然觉得自己以前的说法不对，于是便有"中和新说"。这时他一共写了一篇文章及两封书信来讨论这问题，其中《答张钦夫书》说得最为完整，特录如下：

"我反省旧说（并非指'中和旧说'，而是朱子写给张南轩的前一封书信，是'中和新说'的第一书），觉得没有什么纲领，于是再加体察，便见到这里必须以心为主而论，这样，则所谓性情之德、中和之妙，都会有条不紊了。"

"人的一身，一切知觉的作用，没有不是心之所为，则心当然是身的主宰，不管是动或静，说话或不说话，这心都主宰着我们。但当人在静的时候，事情未来，思虑未起，而人的性亦浑然在那里，具备着仁义道德。这时便是中，是心的体，它是寂然不动的。及到动的时候，事事物物先后而来，思虑也因而生出，于是七情（喜怒哀乐爱恶欲）交迭生起，都受心所主宰；这便是和，是心的用，是感而遂通的。"

按：这是说，在静时，心寂然不动，这时可见到浑然而具备的道德的性；在动时，心便感通而主宰着交迭生起的情。静时是心的体（静时情未发，而见到性浑然而在，便是心的体），动时便是心的用，便是和。但这从中到和并不是必然可以做到的，因人的心有时是不依理而活动的，所以朱子又说：

"寂然不动的性不能不动，而七情的动又不能不加以节制，于是心便寂然感通，周流贯彻，而体用不曾分开。"

"但人的心，是有时不依仁道而行的，如果这样，则心的作用便不能表现出来了（心便不能明白性理，也不能主宰着情）；而人虽然希望依着仁道去行，但若是不能敬的话，便不能真正有求仁的功效（不敬，便不能得仁）。心无论人是动是静，是语是默，都是主宰着人的，所以君子便要无时而不用敬。情未发时，敬已在存养之中；情已发时，敬又在省察里（不管已发未发，都要用敬的功夫）……能这样，心便能周流贯彻，而没有不仁的时候。所谓致中和，天地位，万物育，是就这点而说的。因心是身的主宰，贯串着动静语默；仁，便是心之道；敬，则是心的贞定。这便是圣学的根本，彻上彻下之道。"

朱子在这时所说的心，已不是在"中和旧说"时所说的在日用中做主，好像安宅一般的本心，因本心自己便是仁，它自己便是中，便是体，而仁便是本心自己呈现出来的，它自然能发而皆中节，自然从中而和，从体起用，而不必用敬来贞定它（它本身自然是敬）。明道、上蔡、龟山、延平等人所说的识仁、定性、觉、求未发之中，都是要人当下反省，把握这人人本具的恻恻的、不安不忍的本心，这本心便是仁，便是道，便是天理，只要保守着它，不让它被私心蒙蔽，它便不会放失，便可以作为我们生命活动的主宰。一切思想情绪等活动，在本心呈现而做主宰之下，都自然是合理的、合度的活动，在这里，中与和是一定相连的。即是说，只要这本心中体能被人所反省自觉而呈现的话，便一定能发而皆中节，自然是和的境界。这时，本心即是仁的活动，仁是就理说，本心是就活动说，它又是理，又是活动，所以它本身便是仁，本身便是敬，而不必去求仁，不必用敬来挟持它。所以朱子这时所说的心，是日常的受情绪血气所影响的心，而不是超越的，它本身即是仁，即是敬的本心。因为是日常的心，所以要去求仁，而仁是心之道，即仁是理，是心要去理解的，仁不能自己活动而呈现成为本心，仁只是理，不能活动。因为心是日常的心，不是本心，所以必须要敬，只有敬，才能使心贞定，心贞定才能明理，才能求仁，然后才可以有合理的行为活动。于是，程伊川的"涵养须用敬，进学在致知"两句话，也是朱子的论为学功夫的纲领。他说：

"要存得这心，使它不被私欲所胜过，遇事时要用精神照管，不可随物流去，要紧紧守着。若常存得这心，应接事物时，便不会有大差错。"

"圣贤千言万语，大事小事，莫不本于敬。收拾得自己精神在此，才看得道理尽，看道理不尽，只是不曾专一。"

"主一便是敬，敬只是主一。"

"主一便是敬字的解释。总之，事无论大小，都要集中精神，将思虑尽在这里用，有事时如此，没事时也要如此。"

"收敛身心，整齐纯一，不放纵，便是敬。"

"程先生所以有功于后学，最重要的是提出了一个敬字。人的心性，敬便常存，不敬便不存。"

"用敬来收敛身心，使心不流失，然后逐事逐物看道理。心本来光明，只是常被利欲弄昏了，所以要使心光明。心地光明，便可见到每一物每一事都有理。"

"敬字，前辈多轻轻说过，只有程子看得重。人只要求放心，那个是心，只是个敬。人一敬时，这心便在身上了。"

"人心如一个镜，先未有一个影像，有事物来，才会照见得清楚。若先有个影像在，那如何照得？人心本是虚明的，事物来时，随感而应，自然见得明白。若先有一个喜好或厌恶的心在，便不得其正，便不能合理地应物了。"

"主一（专一）之谓敬。"

"心若走作不定，哪能见得道理？如理会这一件事未完，又去理会那一件事，那便一件也不能理会得。须是理会这事明白后，才好理会那事，须是主一。问：思虑难一，怎么办？朱子说：只是思虑，有什么用，若见到道理分别，自然不会有闲杂思虑。"

"敬胜百邪，只敬则心便专一。"

"敬只是常惺惺法（使心常警惕不昏昧）。所谓静中有个觉处，只是常惺惺的在这里。静不是睡着了。"

"若只持敬，不时时提撕着，也容易昏困。须是提撕，一见有私欲的意思来，便摒除它，再有私欲来，再摒除它，时时提撕，私欲便可消去。"

"不要穷高极远，只要在言行上检点，便可以。现在人论道，只论理，不论事，只说心，不说身。虽然说得很高远，但空荡荡没有可以持守处，便会流于异端。人能制其外（克制人欲），便可以养其中（心）。当然内是本，外是末，但只偏重在存于中上说，而不说制其外，那便没有下手的地方。这样，心也不会着实。"

以上是朱子论敬的要语。朱子以敬为入手功夫，人能敬，心便主于一，便能常惺惺，而逐渐克去人欲。但敬不只是收敛主静的功夫，同时也要穷理致知。敬是入手功夫，使精神专一集中，跟着便要致知，朱子说：

"主敬二字不可以只看成是使心不放动，须是内外交相养，须是穷理。"

"今人将持敬和致知看作两事。持敬时只是块然独坐，更不去思量，以为现在先持敬，第二天才去穷理，哪可以这样呢？要一面持敬，一面去思量道理，二者本是不相妨碍的。"

"敬则自会聪明。人之所以不聪不明，只因为身心惰慢，于是便昏塞了。敬便会虚静，自然通达。"

"聪明睿智，哪里不是由敬而出？睿智都出于心，心若无主，则应事接物之间，怎可以思虑得合宜？所以这心要常肃然虚明，然后处物才能合宜。不可只用口说敬，须是在日用间体认这心是如何。须提起精神，不可颓塌放倒，才可以看清楚义理。"

"程子说：未有致知而不在敬的。又说：涵养当用敬，进学在致知。若不能以敬养在这里，如何可以致得知？若不能致知，又如何成得这敬？"

"主敬穷理虽是两件事，其实根本是一事。"

"持敬是穷理之本。穷得理明，又是养心之助。"

"持敬观理，如病人一样，休息养病固然好，但也要拿些药来服。"

持敬乃是平时涵养功夫，能持敬然后能穷理，涵养穷理久了，事物来时，便可以方寸不乱。但在事物来时，也要用敬来省察。现再引朱子论涵养与省察的功夫：

"经文所谓致中和者，意思是当未发时，这心是最虚明的，如明镜、止水一般，这时便当以敬来保存它，不使它有任何偏曲。当事物来时，此心便发出来，而使喜怒各有所当，这时也应用敬来省察它，使它不会有任何的差错（所以省察是在涵养之后）。我们不能去求一个未发之中，因为一旦要去求，心便是已发，哪会有未发之中呢？况且又去执着它，那便更为偏差了，又哪会得到中呢？"

按：杨龟山、罗豫章、李延平等人都以求未发之中做入手功
夫，这求未发之中，并不是去求一个中，而是逆觉这中体。逆觉它，
它便呈现，并不是以一个心去求一个中。当人从日常的习欲中超
拔出来，静坐澄心时，本心便自会呈现，并不是以心去认识执着
一个未发的中。所以依照杨龟山、李延平等求未发之中，乃是逆
觉体证便使本心呈现，这也不是朱子说的省察。这是仁心本身呈
现的觉识，必须仁心呈现，人有觉，才有真正的道德行为。所以
程明道说：学者要先识仁，而谢上蔡便以觉说仁。朱子没有这仁
心本心呈现而觉识之义，所以他一定要说先涵养后察识，因他认
为，当去省察时，心是已发，若先未涵养，未持敬穷理，又能省
察什么呢？其实两处的省察（察识）的意义并不相同。所以朱子
又曾不满胡五峰先察识仁之体的说法，和五峰的弟子辩论省察涵
养的先后。依照明道、龟山、五峰的义理，当然是先求未发之中，
先察识（觉），后涵养，要先觉察本心，才能把握它，存养它，
使它不放失。朱子并不了解这系统的义理，他说：

"对于学者须先察识端倪之发，然后可有存养之功的讲法，
我实在不能同意。在发时自当察识，但人还有未发的时候，这时
便要存养，岂可以必待发而后察，察而后存呢？况且若最初的时
候根本不曾存养，便想随事察识，我恐怕将不知从何处下手呢！
而且错误也会很多。"

"须是平日有涵养之功，临事方能识得。若茫然都无主宰，
事情来到时才安排，那便缓慢而不切于事了。"

所以朱子主张先涵养后省察，而在涵养时不只是静的涵养身
心，而是同时要明理，能明理，涵养才会有效。到事物来时，
才可以察识。所以持敬穷理是要互相配合的，不持敬涵养，心便

不贞定，也不能明理，不穷理，涵养也无功效。所以朱子说：

"为学先要知得分晓。"

"问致知涵养先后，朱子曰：须先致知而后涵养。问：伊川说未有致知而不在敬，又怎样了解呢？朱子曰：这是说穷理须是着意（用心），不着意，又怎会理会得分明？"

"万事皆在穷理后。理不明，无论怎样持守也是空。"

"须大大理会一番，如血战般，然后好好涵养。"

朱子认为要先明理才能涵养，而明理在于格物致知，而朱子的思想，也以论格物致知最为著名。

（四）

朱子在《四书集注》中《大学章句》的《格物致知补传》篇中说：

"所谓致知在格物者，是说如要致我们的知，便要即物而穷其理（就每一物以研究其理）。因人心的灵，无不有知，而天下的物，莫不有理。只因理有未能穷，所以我们的知也有不尽。因此《大学》教人开始便要即天下的物，因着已知的理而更加穷究，希望达到理的极处。用力久了，便会豁然贯通，那时一切物的精粗表里，都没有不到，而我们心的全体大用，也没有不明的了，这便是物格，便是知之至。"

"格，是至的意思；物，即是事。穷至事物之理，希望把握理的极处。"

照朱子的说法，格物即是穷究事事物物的理，而要格至事物的极处（最后、最根源的地方），那便可致知。致知的致是推而至极的意思，人心本自有心知，心知本有它的，但未通过格物的功夫，心知的明不能无所不到，无所不明。所以，要本着已有的心知之明，即天下之物而穷格，那心知便随着格物穷理而逐渐明理，最后达到无所不明的境界，这便是豁然贯通。这时，一方面理无不穷，另一方面知无不尽；穷理穷到极处，心知也推致到极处。而这便是朱子最强调的功夫。但朱子所说格物穷理的理是什么理呢？他说：

"凡天地之间，眼前所接的事，都是物。"

"理不外于物，但若以为物即是道，是不对的。物只是物，所以为物之理才是道。"

"这道理虽是无穷，但四方八面无不是这理，千头万绪相贯串。"

"千头万绪，最后归于一理。"

"凡看道理，要见得大头脑处分明，下面节节只是这理散在万物而有不同的样子。如孔子教人，只是逐件逐事说个道理，未尝说出个大头脑处。但四面八方聚合起来，也自然会见到大头脑。若孟子便已指出教人。周子说出太极，已经太过明白了。如从恻隐之端处推上去，便是这心的仁。再推上去，仁便是天德的元（根本，开始），元即是太极的阳动。这样一层一层推上去，便自可见到那个大头脑处。如果现在看得太极分明，那必能见到天下许多道理都从这里而出。事事物物皆有这个道理，本来是没有欠缺的。"

据此可知朱子所要格物而穷究的理，不是科学性的自然物理，而是哲学性的综摄一切的根本原理。自然物理的理，是事物本身的形构之理，即是各事物本身的曲折的相，那是物物不同的，一物有一物的样子，有它的数据，有它的构成的理，那是多的。而朱子所要格得的，是大头脑，是一，是太极，这是物的所以然的理，而这所以然，是超越的所以然，而不是现实的、经验的所以然。凡一物存在，都有它存在的所以然，那存在的所以然，便是存在之理，它使一切物存在。这存在之理，既是使一切物存在的，那当然不是事物本身的形构的理，而是超越的，不能被人看到、感触到的天理、太极。我们现在举一例子来帮助说明：儿子见到父亲回来了，他自然会走前去迎接，脸上露出笑容，跟着或帮父亲倒茶……这种种活动，我们若是以科学态度来研究它，便会研究出儿子的心理、情绪，走路时的样子、他做这做那时的动作、他体内的神经、血液、种种内部器官组织在这时的活动情形。但若是我们要了解，为什么儿子见到父亲时，会有这样子的种种表现呢？是什么道理使这种种活动"存在"呢？那我们便会了解，那是孝心（或父子的亲情）使这些活动及事情存在，即孝便是这些事物的存在之理。孝是看不到的，它不是儿子的这个或那个活动，但从这些活动上，我们可以体会到孝是促使这些事物存在的理。我们便可说，孝是儿子看见父亲时所表现出的种种活动及事物的超越的所以然之理，儿子之所以会有这些活动，是因为孝。朱子所说的格物穷理所要穷的理，便是这种意义的理，而不是科学的自然之理，这点我们必须先要分清楚。

从子对父的表现里，我们可体会到孝心的存在，从孝心推上去，我们可体会到仁之理，再推上去，便可体会到天理，明白天理。而一切的存在，莫不是天理使之存在，所以我们不论格任何物，最后都会穷究到这管摄一切存在的事事物物的天理上，这便是大头脑，也是朱子格物致知理论的最后归向。必格物格到这里，才算穷理，才算致知。

朱子认为，只有通过格物，才会对太极之理能有所了解，必须对天下之物仔细地格，今日格一物，明日格一物，积累久了，才会豁然贯通，明白天理。很显然，朱子这说法并不同于周濂溪、张横渠、程明道等人的说法，也不同于孔子及孟子的义理，而只同于程伊川。朱子顺着程伊川的想法加以落实，加以完成，而成为一套和先秦及北宋儒者不同的理论系统。这问题是十分复杂的，在这里我们不多说，在后面关于陆象山的部分会对此再略加比较说明。

要明白天理，必须要格物，而且要格许许多多的物才可以，不能只格一二事物，便说明白天理。朱子说：

"这道理不是只就一件事上理会便得了。理会时，却是逐件理会去。若只在一在线窥见天理，便说天理只是这样，于是便去通万事，又怎可做得成呢？把百物聚合起来看，才可以见到天道化工的神妙；聚集了各种建筑材料，才会了解到建造居室的作用，人须开大心胸去理会事物。"

"万理虽只是一理，但学者要把万理中的千头万绪都理会得，四面凑合来，自然见到原来是一理。若不去理会那万理，只管去理会那一理，只是凭空想象。"

"天下岂有一理通便万理都通？必须累积才可以。学问是要渐渐下功夫的，没有急迫速成的道理。须是逐一做去，不可以只穷究一个事物，其他都不管，说了解这个，其他都理会得，哪有这道理呢？"

"现在的人动不动便说一贯，一是对万而说的。现在不能往一处寻，须在万处理会。"

"圣人未尝说理一，多只说分殊。能在分殊的事事物物中都理会出它们的当然，方会知道道理本来是一贯的。若不先知道万殊各有一理，而只说理一，不知理一究竟是在什么地方？”

"圣贤所谓博学，是无所不学的意思。从我们的身心，所谓大经大本，以至天下的事事物物，甚至一言半语的意思，没有不是应当穷究理会的。虽然说不可能全部理会，但顺着我们的聪明力量尽力去理会，久了便会明白，这岂不胜于全不理会的人吗？”

"事到面前，便理会它。如读书，读第一章时，便去理会第一章。读第二章，便去理会第二章。今日碰到这事，便理会这事；明日碰到那事，便理会那事。万事只是一理，但不可以只拣大的事理会，其他都不管。譬如海水，一湾一曲，一洲一渚，莫不是海水。不能说大的是海水，小的便不是。”

"凡所应接的都是物，事事物物都有个极致的理，都要知得到。”

"人谁无知，为子知孝，为父知慈，但只是知不尽。须是要知得彻底。知得此理尽，则这个意便实。若有未知透处，这里面便黑了。”

"所谓格物者，常人于此理或能知一二分，便可就其所知的一二分来推，直要推到十分，穷到极处，方是格物。”

"致知是所以求真的，真知是要彻骨见透。”

朱子要从格物致知以明白天理，要切实在每一事物上穷理，然后见到理之一，这时，理便是心所知的对象，即是理在心之外，并不是心之所呈现，心自发出来。于是朱子所说的心，便不是道德实践的本心，而是认知了解时的心。朱子认为，人要以心知明理，然后可在事物来时，有中节合度的表现。下面便要述朱子的论心、论性及心与性情的关系。

（五）

"心者，气之精爽。"又云："能觉的心，是气之灵。"

心是气之精爽，是气之灵，据朱子的理气二分，气活动，而理不活动的说法，那心便是气，而不是理。理是形而上的，气是形而下的。心是活动，是生命的虚灵明觉，它因为是虚明的，所以能知理明理，但它本身仍不即是理。心以它本有的虚明去明理后，便可把理摄取过来，于是心便具着理，而可合理。但这要靠后天的功夫，如持敬、穷理、涵养、格物等，然后才可以做到。心具着理，是后天的认知摄取的具，而不是心本来便是理。所以依朱子的看法，心不即是理，而性（仁义礼智的性）才即是理。"性即理"这一句话，是程伊川所说的，而朱子认为这话说得最好，是千万世说性的根基。

"心是人的神明，是所以具备众理而应接万事的。"

"心的知觉，是所以具此理而行此情的。"

"性是人所受的天理。"

"人得之（天理）则为仁义礼智的性。"

"性只是理，万理的总名。这理也只是天地间公共的理，禀受得来便为我所有。天之所命，如朝廷指挥委派人去做官。性如官职，官便有职事。"

"性如同太极，心如同阴阳，太极只在阴阳之中，并不能离阴阳。但太极自是太极，阴阳自是阴阳，性与心也是这样，所谓一而二，二而一，便是这意思。"

"心是主宰，动时静时心都在主宰着，不是静时没有作用，到动时才有主宰。说主宰便混然体统，自在其中。心统摄着性情，但不是笼统地和性情混而为一个东西，不加分别。"

"性只是理，情是流去运作处。心的知觉，乃是所以具这理而行这情的。"

"仁是性，恻隐是情，须从心上发出来，所谓心统性情者也。"

按：性情须从心上发出来，心发性和发情是不一样的。情是从心上发动出来，而性只是心认知摄取而显出来。

"理在人心，便叫做性。性好比心的田地，充塞在这其中，无非是理。心是神明，是一身的主宰。性便是许多道理，从天处得来而具于心中。而发于智识思虑处都是情，所以说心统性情。"

"孟子论四端处，说得最详尽。里面事事都有，心性情都说尽。心是包得这两个物事的。性是心的体，情是心的用。性是根，情是那芽子。恻隐羞恶辞让是非都是情。恻隐是仁之发，但说恻隐便是仁，便不可以。所以孟子说那是仁之端（发露处）。"

按：孟子所说的"恻隐之心，仁之端也"，本意是说这恻隐的心便是仁，本心即是仁，而这亦即是人的性。本心和性及情，都是一般的事物，本是一体，而朱子却把它分成心性情三者，恻隐是情，而所以恻隐的理是性，心则统摄这二者，这并不合孟子的原意。朱子说的心，并不是孟子的本心。朱子不承认恻隐之心即是性理的呈现，本心自身即是理。朱子认为，理是不能活动的，而凡活动，便是气，而心是活动，故不是理，只是气之灵。

最后，我们要稍述朱子的理气论。

"形而上者谓之道，是物的理，形而下者谓之器，是物的物。"

"问：形而上下为什么都以形来说？朱子说：这便是说得恰当。若以有形无形来形容道与器的分别，那么物及理便会相间断了。

只是从上下来分别物及理，便分得清楚。"

按：存在物本身是器，而物之所以然是理，所以用形上形下来分别。

"所谓理与气，决是二物。但在物上看，则二物浑沦，不可分开各在一方。但二物是不相同的。若从理论上说，虽未有物存在，应已有物的理存在，但也只是有理存在而已，未实有物存在。"

"未有天地之先，毕竟也只是先有此理，有此理，便有天地。若无此理，那便也无天地，无人，无物，都无覆载了。有理便有气流行，发育万物。"

"有是理后，便生是气。"

"问先有理后有气之说，朱子说：不用这样说。是先有理后有气，或先有气后有理，并不能推究。但依理推想，大概是气依傍理而行。及气聚结成形时，理也在那里。所以是先有理。但不可说是今日有这理，明日却有气。"

有理便有气，气依理而行，但二者又不是可以分离的两个东西。理应在先，气应在后，但这不是时间上的先后。朱子这理气二分的理论，也如同周濂溪的说太极与阴阳，张横渠的说太虚与气。在宇宙间充塞着的有形的变化的存在，是气，而使气如此如彼，这样子那样子存在的，便是理。所以，每一物都有理，但一切物的理，其实只是一理，只是因气的流行变化的不同而有不同的相。朱子这方面的理论，同于北宋诸子。但朱子所说的理，是不活动的，他说：

"理无情意，无计度，无造作，只这气凝聚处，理便在其中。且如天地间，人物草木禽兽的生，莫不有种。天地生出一个物事，这都是气。若是理，则只是个净洁空阔的世界，无形迹。它（理）

却不会造作。气则能酝酿凝聚生物。"

"形而上者是理。一有作用，便是形而下者。"

据此，可知朱子所理解的理，是不活动的，一有活动便是气。理只是理，而不活动。他所说的理生气，也不是理生出气，而是气依理而活动的意思。这与周、张、大程所了解的天理天道便不一样。周、张、大程他们所了解的天理或道体，都是活动的。理的活动，当然不是如形而下的气一般的活动，理是妙运着气的，它有活动性，有创生性，它有妙运创生一切的神用。所以周濂溪说太极："动而无动，静而无静，物则不通，神妙万物"，太极自有动静，但不是像物一般的动静。而张横渠、程明道对道体的理解也无不是这样。但朱子则把活动性摒除了，理成为只是理，而不活动。这便对道体的了解有了偏差。于是在这理论上，性也只是理，而不是活动，心及情都是气，便不能有本心既是理又是心又是情的意义。理是不能呈现而为本心的，只是心所了解认知的对象。心只能通过格穷理而致知，使心合于理，但不能即是理。所以朱子虽是宋代儒学大家，但他的理论和传统儒学及北宋的周、张、大程并不一样，他只继承了程伊川的说法，在儒学中自成一个系统。

由于朱子在宋代儒学中的地位最为重要，而他的学理所涉及的问题也最多，所以我们不得不多费一些篇幅来讨论。前面我们分别出朱子和先秦儒学及北宋其他儒者的理论不同，那是站在学理上的客观讨论，并不是贬抑朱子。朱子固然理解天道天理有偏差，但他独力发展出另一个系统，贯彻到底，这也是很伟大的。而朱子的主敬穷理的说法，对于一般人也是很切实有用的。人的心常是感性的，受私欲所蒙蔽，很少有纯粹是本心呈现的时候，且即使是本心呈现，也只是偶然地、短暂地呈现，不能长期保存本心。而朱子的持敬主一，便可矫治人的精神涣散，懈怠随便的习性。而格物穷理的功夫，也可使人对理有逐步的了解，不断使心明理，明得一分，便做一分，这也是一种变化气质的功夫，对一般人是很有好处的。而且，虽然朱子所说的格物是要明天理，而不是求一般的知识，但一般的知识，在格物的过程中也会很容易便带进来，知识虽然不能直接产生出道德，但对德的实践却有很大的帮助，如要孝父母，自然要明白如何事父母，这便要有知识。家国天下的事情，繁多复杂，若无知识，又如何能治国平天下呢？在现今的世界，朱子重智的精神，格外显得重要，所以我们实应多理会朱子在这方面的理论见解。

此外，朱子的人格更是最值得我们效法的，他一生的行事，便是他极力主张的理论，所坚执的理想、信念的具体表现。所以朱子在宋以后的中国学术界，有着笼罩一切的影响力，且他的影响力远及于日本、韩国。在中国历代儒者中，除孔孟之外，说地位的崇高，是没有人能比得上朱子的。

二十二、张南轩先生栻（1133—1180年）

　　张栻，字敬夫，也作钦夫，号南轩，汉州绵竹（今四川绵竹）人，世称"南轩先生"。父亲张浚，曾在高宗时任职宰相，又在军事上有极出色的表现，后被秦桧排挤被贬，二十年不得重用。后孝宗即位，想收复被金人所占的失地，于是起用张浚，可惜北伐无功，不久卒。张浚卒前手书遗言给他两个儿子（张栻及张枃），说："我不能为国家雪耻辱，收复失地，那便不应把我葬在先人墓旁，葬我在衡山下便可以了。"张浚这一心为国、至死不忘的忠诚，自然深深影响了张南轩。南轩自幼颖悟，到二十九岁时，向胡五峰（宏）问学。五峰先生最初不肯见他，后来南轩再次诚恳求见，五峰才见他。一见，他便对南轩十分赏识，以孔门论仁的亲切意旨告诉南轩，南轩退而深思，若有所得。五峰十分高兴，说："圣学有了传人，真是值得庆幸。"南轩并不以此自满，更发愤用功。但张南轩在五峰门下时间不长，仅和五峰见了两三次面，未能详细请教，而五峰已去世。所以南轩对五峰之学，虽有所得，但未必能切实了解。南轩曾随他父亲张浚行军，因军事入见宋孝宗，向孝宗进言说："陛下上念祖宗的雠耻，下悯中原百姓的涂炭，心中恻然，想力振之，我认为陛下这恻然不安的心，便是天理的呈现。愿陛下不要荒怠了这心，而时常亲近贤人，参考古圣言行，以扩充这心，那不仅今日恢复河山，为祖宗复仇的目的可达，且更可以革除历代以来的因循积弊。"这是五峰的教法，要人于本心一旦呈现时操而存之。南轩对这点很有所得，所以用来勉励孝宗。孝宗也感到他说话的不平凡。张浚卒后，南轩曾任吏部侍郎，兼职侍讲，当时金人气势稍减，大臣有主北伐的，南轩则认为国家根本未坚固，民贫兵弱，且士气又低，应先和金断绝和议，申明复仇之义，再修德立政，用贤臣，选拔良将。那虽三尺童子，也必定奋勇争先杀敌。孝宗听后，为之叹息，以为这番议论前所未闻。南轩在朝廷不到一年，几次以修身、务学、畏天、恤民、抑侥幸（抑制无才学而侥幸任官的人）、屏谗谀（摒弃阿谀的小人）言于孝宗。于是当时的宰相及孝宗近臣都不喜欢南轩，因此南轩便离开朝廷，退居在家。后孝宗想念他的忠诚，恢复他的官职，要他治理湖北。当时湖北多盗贼，南轩到后不久，盗贼全被平定。当时人都认为很快他便会为宰相，但不久他便得病，病重时还上书皇帝，劝皇帝亲君子远小人，卒年只四十八，时人都深感惋惜。

张南轩是胡五峰最著名的弟子，但他对五峰的学问体会不够深刻，后来朱子不满胡五峰《知言》的说法，写信和张南轩讨论。南轩不但不能阐明五峰之学，以解答朱子的疑难，且更受朱子的影响，说《知言》某段意思不对，某段应该删去。他赞成朱子的《知言疑义》，而只坚持先省察后涵养的说法（请复看论朱子涵养与省察处），但也不能了解胡五峰之说本心发现而省察操存是逆觉体证的功夫，是本心仁体的当下呈现，而不是朱子的以气之灵的心省察事物，求有恰到好处的表现的说法。二者是不同的系统，而张南轩并不能了解。由此可见，我们并不能以张南轩为五峰湖湘之学的继承者。当时张南轩的同门，胡五峰其他的子弟，如胡广仲、胡伯逢等，都能坚守五峰的理论，而不肯屈从于朱子，只因他们的学力不及朱子，又皆年寿不长，所以都给朱子压了下去，而胡氏子弟的著作大都不存，所以我们不能详细了解当时他们和朱子辩论的情况。

虽说南轩不能真切了解五峰的学问，但南轩也有很多很好的论学语，现录如下：

"有一天张南轩向宋孝宗禀奏事情，孝宗问天（天帝）的意义。张南轩答：不能以为那苍苍的便是天，应在视听言动之间求所谓天。在日常的视听言动间，自己一有合理的念头出现，那时便是天帝在上，正在监看你，来到你的面前。一有不合理的念头，便是天帝震怒。"

"不睹不闻（《中庸》说：'戒慎乎其所不睹，恐惧乎其所不闻'，指道体非耳目所能觉知），是指这心的所存，并非耳目的所见闻。眼看不到，耳听不到，真是隐微极了。但那听不见的看不到的，却又是最显著的、最明白的。因假如善恶的念头有一点萌芽，我们便有感觉，那是我们内心的灵明，是我们所不能自欺、不能掩藏的。只有我们自己的心的灵明才觉察到这，所以《中庸》说君子要慎独，便是要谨守这别人不知，而自己不能自欺瞒的内心的灵明。"

"若今日有一念不合理，而不去痛加改过的话，那明日这不对的念头又将会重现，累积久了，我们平日所操存修养得来的德行便会全部消失，所以天理人欲是势不两立的。因此君子对这要戒惧，一有不对的念头萌发出来，我们便要痛惩它，断绝它，时时这样，私欲便不会再发，而人才会进于学。"

"道理本平放着，只被人起意而自碍。"

"好事上只要稍有一点儿太过，便是私心。如见到人有不对，当然要劝他改过，但只要尽我的诚意告诫他，希望他能改，便是了，至于他肯不肯听，那是不能一定的。若我有个必要他听的心，那已是偏了，因已夹杂了意气在。其他可推想而知。"

"我们时常见到人衣冠不整，或举止草率，这恐怕不能只看作小毛病。古人衣冠必整齐，言行必合法度，并不是故意要如此，而是心存诚敬，自然表现在外面是这样。通常人因内心怠惰，所以要勉强整饬衣冠，注意言行。人外貌不整齐严肃，又哪会有诚敬的心呢？"

"对于义理，当然要仔细体会，但探索太过，反为有害。涵泳栽培，日以深厚，那体会自然有力。"

"天地，不也是父母吗？父母，不也是天地吗？不以事天地那样的敬虔的心事父母，便不算是孝子；不以事父母那样顺从的心情来事天，便不算是仁人。"

"学者最先要明义利之分辨。所谓义，乃是本心之所当为而不能自已的，并不是有意去做的，一有意，便是人欲私心，而非天理存心了。"

由上引录，可见张南轩确是颖悟过人的人，可惜他气禀稍清弱，致使随着朱子的意思而转，若他能坚守师门之学，切实体会胡五峰的义理，那他的成就一定不止于此。南轩殁后，他的弟子全归于止斋（陈傅良，见后）门下，大概是南轩门下弟子在南轩处也不能得到对义理真切体会的缘故。

二十三、吕东莱先生祖谦（1137—1181 年）

　　吕祖谦，字伯恭，寿州（今安徽凤台）人，生于婺州（今浙江金华），人称"东莱先生"。他的先祖原居山东，后徙居安徽，再至河南开封，最后才到浙江。

　　两宋东莱吕氏一家，是当时少有的著名门第世家，每代都有名臣或儒者出，现略述最著名的几位。

　　吕夷简：北宋仁宗时宰相，他主政十余年间，天下安宁，在朝时议论切直，忠耿过人。

　　吕公著：吕夷简的儿子，在宋哲宗时与司马光同时为宰相，人品高洁，司马光、王安石等都十分敬重他。他自幼即爱读书，而以治心养性为宗旨，在日常生活中从没有疾言厉色，又淡泊名利，不会因私利而动心。吕家家风，由他奠定。

　　吕希哲：吕公著长子，他学无常师，曾先后学于胡瑗孙、邵雍，并学于王安石。他在太学时和程颐是同学，因敬佩程伊川的学问，又拜小程子为师。他幼承严谨的家教，养成极端正的行为，对学问也很有心得。在晚年他曾说："我十多年前曾因所走的桥突然坍坏，坠下水中，当时觉得心动。数年前大病，心已较十余年前好些，现在又病，但我的心已完全不为所动了。"可见他用功的切实。

　　吕本中：吕希哲之子，当时人称"东莱先生"，后人称他为"大东莱先生"，以和吕祖谦（也称"东莱先生"）区别。他也学不主一师，和当时名儒杨时、游酢、尹焞、刘安世等都有交往。他说："德无常师，主善为师"（只要是善的，都是可以学习的）。又说："学者须先熟读《论语》《孝经》《中庸》《大学》，然后再看《诗》《易》《春秋》，必能有得。"

吕本中的侄儿吕大器便是吕祖谦的父亲。

据上文可见吕祖谦的家学渊源。祖谦少时，性情十分偏执，后来在生病时读《论语》，读到"躬自厚而薄责于人"（责备自己要严，责人则要宽），便马上省悟，从此一生不再暴怒。长大后，从林之奇（吕本中弟子）、汪应辰（张横浦的弟子，人称"玉山先生"）、胡宪（人称"籍溪先生"，朱子少年时的老师）问学，又和朱子、张南轩、陆象山兄弟，及陈亮、陈傅良等为友。他和朱子、张南轩二人齐名，并称"江南三贤"。宋孝宗隆兴元年（1163 年）中进士，任太学博士，又兼史官职，编修国史。他曾读陆象山的文章，十分喜欢，但两人初未见面，后来他主持礼部考试，看到一篇考生的文章，大大激赏，说："作这文章的人，一定是江西小陆（指象山）。"后查看，果然是陆象山的手笔。朱子和陆象山二人皆是理学大家，但见解大有不同，吕祖谦便邀请他们二人到鹅湖讨论，希望两人能调和彼此的意见。这会议虽然不能达到预期的目的，但已成千古的学术佳话。

吕祖谦卒于淳熙八年，年仅四十五岁。

吕祖谦的先祖都学不主于一师，形成了吕家喜欢折中调和而不大标榜立说的家风。而且吕氏一家，从北宋延绵到南宋，学术不断，许多当时的中原文献也因吕家代代相传而得以保存。而祖谦又历任史职，十分留心于史事变迁和礼乐政制，这几点便构成了吕祖谦的学问风格。他说：

"古人为学，十分中有九分是要在言行举止、伦常日用上实践，只有一分在诵说谈论。现在的学者却全用力在谈论上，从耳朵进来，便从口里出去，不会涵蓄在身心中体会受用，真是所谓道听途说，一定不会有所得。"

"与其争论学理的是非，不如敛藏涵养。"

"多识前言往行（多了解以前人的嘉言美行），考究古人的行事以看他的作用，研究古人的言语及了解他的心，那我们便可培养自己的德行。不能这样用心，读古书便会成为玩物丧志。"

"五帝三王时，叫史书作悼，实在有深意，大抵忠厚醇笃的风气，是本于前言往行的。现在的人之所以浇薄，都是因为没有听过前辈长者的言论。若能仔细体会这意思，那便可以承继古人的醇厚意味了。"

"并不只在讲论时，才是为学。街谈巷议，句句都值得听；贩夫走卒，人人都有可取。若能如此，哪有不德行日进的？"

由此可见吕东莱的重力行，主张读书史以敦厚性情，以及为学不主一家一说的风格和主张。

"我们胸中自有圣人境界，能回到自己身心上求，便可为圣贤，孔子说克己复礼，便是这意思。"

"克制欲望，应宽而不应迫，譬如治水，若一下子急促地截停它，水便横流而不可治了。"

"人要心使事，不要事使心。"

"人一定要有反省克己的实际行动，才会知道自己从早到晚，自头上到脚下，都是过失，而且都是很难改的，所以古人说：希望少些罪过，却办不到。学者若是轻发议论，必定还未做过克己的功夫。"

"为学功夫，是涵泳存养，久了自然心思明朗，平正稳当，这才是有得。"

"切要功夫，没有比得上身体力行的。"

由这几条，可看出东莱的修养功夫。

吕东莱因历任史职，对史学很有研究，著有《左传说》《东莱博议》《历代制度详说》等书。他治史的目的是希望能从史实制度的变化中，明白兴衰治乱的原因，以作后人的鉴戒，又可多识前言往行，以栽培德行。这都是很好的意见。但因他气质清和，喜欢调和，不主张立异说，于是他的讲学便没有很明显的宗旨，对于天道性命更是很少涉及，所以他不能算是够水平的理学家。而他这一番重力行，轻言说，在史实上寻教训的主张，流风所及，便形成了一个专讲求实际功效，不喜谈论心性的学派，即"浙东学派"。其中有些人言论激烈，和正统派的理学家形成对立的状态。话虽如此，但吕东莱为人谦厚，不喜争论，又和朱子、陆象山等相交，并未反对心性之学，且他在世时，常能调停浙东学者和朱子间的争论。可惜他去世太早，后来陈亮、叶适等人的理论，便愈加激烈了。

二十四、薛艮斋、陈止斋

（一）薛艮斋先生季宣（1134－1173 年）

薛季宣，字士龙，永嘉（今浙江温州）人，学者称"艮斋先生"。十七岁时，师事袁溉，问袁溉义利之辨的义旨，袁氏说："学问应自己去寻求，别人虽说得很好，但究竟不是自己的。"袁氏治学，自经史百家，以至技艺军事，无所不通。薛季宣也受他的影响，博通各种学问，但以礼乐制度为主，希望能适用于当世、成就事功，他是浙东学派中的主流永嘉学派的开端人物。他说：

"巧手工匠并不是每代都有的，而巧匠的技术方法，都具备在规矩绳墨中。圣人也并非常有，而圣人的言论，都在《诗》《书》《易》《礼》中。那我们按照规矩来做方及圆，虽然自己不是巧手工匠，但做出来的，并不和巧匠的不同。由《诗》《书》《易》《礼》来探究义理，虽然自己不是圣人，而圣人的精微也都全在我身上。若学者要学道而抛弃了经书，正如工人不用规墨一样，哪有成效可得呢？"又说：

"道是无形的，但除了有形的器外，道又将容身何处呢？虽然不可以器来说道，但道并不远离器，而是存在于器之内的。不明道理的人，每以为器不是道，而把器与道分开来，忽略了器，其实这不只是不知器，而且也是不知道。"

由此可见艮斋务实而不重抽象思考的想法。

黄宗羲评论说："永嘉的学问主张，教人在事上理会，步步着实，凡说理论，都一定要求能实用，大概是看到许多闭眼空谈，不懂事理的人自命为道学家，所以有这番理论。"这评论十分公允。

（二）陈止斋先生傅良（1137—1204年）

陈傅良，字君举，浙江瑞安人，学者称"止斋先生"。他年轻时已很有名气，为士人所推重，后来得到薛艮斋的指点启发，不以自己所得为满足，于是闭门苦读。屋中放了千多卷书，探究古今学问事理，共用了七八年功。他变通《周礼》《左传》中的制度事理，希望用在当时，以成当代的政制，规划得十分详备。他在孝宗乾道八年（1172年）时中进士，历任地方官吏，宁宗时曾为侍讲，卒时年六十八。

止斋在永嘉学派诸人中，是最淳厚笃实的一个，他只是注重对制度的探究，以求实用，并未反对程朱心性之学，在陈亮和朱子为汉唐而争论（见后陈亮章），他曾写信规劝陈亮，说朱子的说法正大，而陈亮则不免于浮气叫嚣。吕祖谦曾说："陈君举的最大长处，是一切放下，好像一个初学的人一样。"可见止斋的修养。

二十五、陈龙川先生亮（1143—1194年）

（一）

　　陈亮，字同甫，永康（今浙江省永康市）人，学者称"龙川先生"。他为人才气过人，喜欢谈论军事，一和人讨论起来，便滔滔不绝；写起文章来，一下笔就是几千字，而且马上便写好。他和吕祖谦、薛季宣、陈傅良、叶适等相交，常常互相讨论。孝宗即位初年，再和金人订下和议，声明和平相处。当时朝野臣民大都感到松了一口气，只有陈亮提出反对，他写了名为《中兴五论》的文章奏上朝廷，但没得到什么反应。于是陈亮便回乡，加倍力学和著书，共十年之久。这时期许多学者都来向他请教，门下弟子愈来愈多。孝宗淳熙五年（1178年），他再上书孝宗，勉励孝宗做大有为的君主，恢复中原，以雪祖宗受欺于金人的耻辱。这时孝宗已即位十七年，也不甘心做屈辱的皇帝，看了陈亮的奏章，大为震动，便马上召见陈亮，想起用他。但当时许多大臣却加以反对。十日后，陈亮再上书，孝宗想给他一个官职，他却说："我这次上书，是希望为国家建立长久的根基，哪是为要博取一官半职的呢？"马上便渡江回乡。经过这次事件，他颇有失意之感，常饮酒至醉，放言高论。当时有一个小人便乘机诬陷他，说他图谋不轨，使他差点惹上杀身之祸。幸好孝宗知道他是冤枉的，才得免罪。但不久，他的仆人在当地杀人，而被杀的人曾得罪过陈亮的父亲，由于这巧合，陈亮便有教唆杀人的嫌疑，又被官府审讯，幸得辛弃疾、罗点的援救而得免。又有一次和乡人宴会，同席有一个人暴死，他又因而下狱，幸而最后还是无罪释放。他经过这几次的牢狱之灾，便更加专注于研究学问，学问见解日益提高，他曾对自己的学问评论说："对于义理作精深的研究，分辨古今各家学术的同异，用心在微妙的地方，细密比较义理的内容；以积累涵养为主要功夫，而培养成圣贤般的风度品格，我是比不上当代的一些大儒的（指朱子及吕东莱）。但若说到立论的堂堂正正，气势的高昂盛大，议论的变化多端，足可以推倒当代的智士豪杰，又可开拓万世的心胸的，我自问勉强可以表现得比别人好一点。"从这段话，可以知道他为学并不重在心性的修养以及对抽象理论的探讨上，而是希望凭所学以建立一番事功。他是浙东学派的重要人物，曾和朱子争辩汉唐，认为汉唐君主是有道之君，并不如朱子所说，汉唐君主也是假借仁义，以满足个人私欲的。朱子虽屡次写信反对陈亮的说法，但陈亮并不心服。后来陈亮因感激宋孝宗对他的知遇，又上书谈论国事。但当时孝宗已准备禅位给儿子光宗，所以对陈亮的上书没有反应。光宗即位后，陈亮参加进士考试，得第一。陈亮十分兴奋，以为今后可以一展抱负，但可惜当时他年纪已大，不久便去世了。

（二）

陈亮和朱子为汉唐的价值而争辩，是当时一次著名的辩论，从其中我们可以很清楚地看到陈亮的见解。他说：

"自从孟子和荀子论义利、王霸（以德服人为王，以力服人为霸，王者本于仁义以治国，霸者假借仁义以满足私欲）的分辨，汉唐的儒者都未必能十分明白。到本朝伊洛诸公（指二程及二程门人）辨析天理人欲的分别，于是王霸义利的分别才真正为人所明白。但虽如此，若说三代（夏商周）是以道来治天下，而汉唐则以智及力来把持（控制）天下，这已不能令人心服。到近来的儒者，说三代完全是以天理来治国，而汉唐则完全是人欲流行。至于汉唐之所以也能立国数百年，乃是因为汉唐君主的作为，其中也有暗合于天理的缘故。如果事实真是这样，则自三代以后的一千五百年间，天地世间只是空虚地、无意义地度过。这样的说法，不是太严苛了吗？若三代以下的世间真是全无天理，只有人欲用事，这世间应早就不存在了。那为何这千百年来，万物还是滋生蕃息，人间仍然屹立存在，而道也还常存呢？我以为汉唐的君主本领很宏大开阔，所以能建立长久的朝代，人物也因而得以生息。"

这是陈亮答复朱子对汉唐看法的批评。陈亮认为汉高祖及唐太宗能反抗秦隋的暴政，建立起汉唐两个兴盛的朝代，使百姓有几百年的好日子过，便是汉唐君主是能够承继三代的治道，不然哪会有现实上的良好政治出现呢？朱子看了他这封信，便写信给他说：像他这样的说法，乃是"义利双行，王霸并用"（对义及利，王及霸全不加分别，只要有功效便好，而不问用心）。于是陈亮便写了上面所引的回信。

朱子对陈亮的回信，马上给了答复，说：

"天理人欲的分别，不必在古今王霸的事上求，只要反求诸自己的心，便知所谓义利邪正。……你细看汉高祖和唐太宗的所为，细察他们的动机，究竟是为了义还是为了利呢？是正的，还是邪的？汉高祖的私心还不是太强烈，但已不能说是没有私利之心。至于唐太宗，则恐怕没有一个念头不是出于人欲的。只是他能假借仁义以达成他的私欲，才智又高，所以能成就功业。若只因为他能成功，建立几百年的朝代，便说是得天理之正，那只是以成败来论是非，因为他有好的效果，便不计较他原来动机的不正了。所以说这一千五百年间，尧舜孔孟相传的道，从未真正在世间实现过。只是天道是永恒存在的，所以虽然世间长期混乱，也没有被毁坏而已。"

陈亮复信说：

"三皇五帝时天下安定，没有什么作为，在尧帝时才开始订立法度。夏禹以天下为家，天下战乱便起。后来汤伐桀，武王伐纣，周公伐管叔蔡叔，从表面看不也是纷乱吗？所以老子和庄子便归罪夏商周三代的明王，说他们使天下纷乱。但孔子却认为不然，经过孔子的努力搜求，然后三代的礼文法制才为世人所明白。三代的礼文法制一明，而三代明王的用心也会大白于天下。我想现代人的贬视汉唐，也如同老庄的不满三代罢了。"

"人心的作用，会有不尽，但不会长久地泯灭，法制会不完备，但不会长期荒废（不会有长期全没有法制的时候）。人道不立，则天地也不会常运，道也不能常存。假使这千百年来，人人都良心尽泯，那天地早已止息，道也早就不存在了，为什么天地现在仍然运行，道也仍然存在呢？"

"所以，虽然只有圣人能尽伦（尽伦理之道），只有王者才能尽制（建立理想的法制）；但不能因此便说其余的人所行的，都是欺人的伦理，所订立的，都是欺世的法制。若真是欺世欺人的，那又怎么可以长久存在呢？"

这段是说一般人所行的伦理之道，一般君主所订立的法制，只是不及圣王那般的完全，便并不是就全无道理，毫无价值。

朱子又回信答辩，大意是这样的：

"固然有人便应有心（本心），有心便应有法，不会有长期无心无法的时候。但说不会长期无心无法，便已承认有时本心是被掩盖了的，有时法制是不合理的。所以天理人欲是并行的，一时天理做主，一时人欲做主。所以圣人之教，要人完全地恢复天理，而舍弃人欲，希望人的心每一时一刻都是本心的呈现，所做的每一件事都能合于天理。哪有认为人的本心有时而泯灭为当然的呢？这是尧舜孔孟相传下来的圣学。但孟子以后，世人便不明这圣学了。凭着聪敏的天资，精确的思虑，有些英雄豪杰的言行便有时会合于道，但他们的根本用心还是不能免于私欲的。"

"天地人的道固然是一，但天地无心而人则有欲，所以天地运行无穷，而人有时便会不合于道。人一旦不保存义理之心，人道便息，则虽然天地仍然运行不息，而在人方面，道已不行了。不能以天地仍然运行不息，来证明人道没有不在的时候。道固然未尝不存在，但人却有不体道的时候，所以不能说只要有人存在，便有道存在。"

"人只是这个人，道只是这个道，又哪有三代汉唐的分别？只是因儒者之学失传，尧舜禹汤文武以来代代相传的心不为世人所明白，所以汉唐的君主虽不是没有暗合于道的时候，但他们的心却都是为了利欲。所以尧舜三代和汉唐是不一样的，不能混为一谈。"

后来陈亮和朱子再有书信往复，陈亮最后说：

"天地之间，有什么东西不是道？如太阳当空，处处光明，闭眼的人开眼便见。哪会有举世的人都是盲人，而不能见这道的道理？盲者摸索而得着，才可说是暗合，不应该两千年来的人都是有目如盲的啊！"

"我承认后世的英雄豪杰，有时闭眼胡为，便成为圣贤的罪人。但当他们开眼运用时，那他们所做的便没有不是道的。而天地便因此得而常运，人物也赖此而生存。现在却因为他们在闭眼胡做时，如同盲者一般，没有一点光明；便认为他们开眼运用时也只是暗合，始终都是黑暗中，不能见道，那实在是太冤枉了。"

后来陈亮把他和朱子讨论汉唐的书信交给陈傅良（止斋）评论，止斋说："功到成处便是有德，事到济处便是有理（能成功成事便是有德有理），这是同甫（陈亮）的说法。但如果是以事情的成功与否来决定是否有德及理，那三代圣贤便白费功夫了。功业有恰巧做成的，又何必要有德？事情也有偶然做就的，又何必要有理？这是晦庵（朱子）的说法。"止斋"功到成处便是有德，事到济处便是有理"两句话，正是陈亮的理论及浙东学派的功利思想的最佳注语。事情及功业能做成功，当然是有道理的，但那很可能只是事势的理，未必是道德的理。历史的演变，当然有理则可以研究，而每一个时代也有每一个时代的精神。汉唐取代暴虐的秦隋，开创了历史上少有的强盛局面，当然是有历史意义及价值的，但并不能因此便说汉高祖及唐太宗都是有道之君。以道德的标准来衡量，汉高祖唐太宗距离圣君的理想当然还远。他们之所以能成就汉唐的功业，固然因为他们本身都是英雄豪杰，天资过人，而更重要的是他们能了解当时人心的普遍要求，而这人心的普遍要求，换句话说，便是仁义的所在。他们了解这因应人心的要求，便能建立百世的功业。虽然他们的心未必能合理，很可能只是假借仁义以满足个人的私欲，但他们所成就的事功，却是仁义的客观的表现，也是普遍人心所共同要求而促成的。在汉高祖和唐太宗的用心上看，会是私，但在事功上看，则是公。所以汉唐两代，若从历史演进的角度看，当然是值得赞美的，这是历史判断的态度。但若站在道德上说，汉唐也不免是以私欲把持天下，假借仁义以成就私心，这可以从汉高祖和唐太宗的行事中找到许多证据。这是道德的判断。所以陈亮和朱子两人不同的看法，代表着两种不同但可以并存的观点。只是陈亮只看重汉唐的功业，并不了解朱子所说的天理人欲之辨的真义，也未能自觉他的历史判断的立场，立论未免过于迁就现实。而朱子也只肯守着他的道德判断的立场，只从用心和动机上判，不愿给予汉唐合理的历史地位，这当然也难令陈亮心服。

陈亮对当时心性之学流行，而谈论此学的人多数看不起事功的风气十分不满，他说：

"二十年来，道德性命的学说一旦兴起，一些后生小子，连书本上的文义都还未弄通，便可以拾取别人的讲法，高谈阔论，以为圣人之道尽在我这里，天下的事务，自己也无所不能，这恐怕会造成很大的流弊。"

"当代的学者将精神全都用在抽象无形的理论上，以为真有所见，其实在这方面心得较浅的，只做成槁木死灰、毫无生气的样子。就是所得较深的，又哪能达到文理密察（对事情物理都清清楚楚）的地步？所以圣人才强调格物致知之学，天下事物哪有没有理的，所以我们要每事每物都要了解清楚。"

陈亮这里所说的格物致知并不同于朱子，他的目的在于了解事理以成就事功，而不是由格物致知而了解天理。

陈亮才气超迈，而又处在宋代积弱、民族生存备受外族威胁的时候，他的强调事功，推崇汉唐，是很自然的。而当时许多谈理学的人，也确实有只谈心性、不顾现实世务的毛病，所以陈亮的批评并不是全无道理的。但他并不能了解儒家内圣学的本质，不知道德心性之学并不会反对事功，而是要使事功合乎天理，要把现实的人生提高到理想的境界。道德是本，而事功是末，没有道德这根本，则寡头的事功也没有什么意义；而强调根本，并不是不要成就事功，若认为道德是可以空谈的，事功是可以不讲的，那便是儒学的罪人。宋明的大儒从来没有这样的说法，反而他们都是尽自己的力量以成就客观的事业，也有许多表现，只是他们每每受到限制，不能尽展所长，这是客观环境的限制，不是他们有心放弃事功。在这方面，我们一定要分辨清楚，然后便可了解陈亮的纯粹以客观的功业的有无来判定价值的高低的态度，是不足取的。强调事功以解决当时的危难，当然很应该，且是义不容辞的，但若是以崇尚事功为理由来反对心性之学，那便是自绝根本，两败俱伤。若是真正重视事功，便应在现实上种种事务上尽力，即在政治、经济、军事、农田、水利等事情上务实研究，希望有实际的成果。若只以崇尚事功为理由而反对心性之学，那并不是真正的事功精神，也只是"空谈"而已。

二十六、叶水心先生适（1150—1222年）

叶适，字正则，浙江瑞安人，学者称"水心先生"。孝宗淳熙五年（1178年）进士，后任太学博士。曾上书孝宗，主张对金复仇，当时孝宗已老，不能用。在这时朱子被侍郎林栗弹劾，叶适上疏替朱子辩护，说林栗所说没有一句是真实的。后孝宗禅位太子光宗，光宗因患病，常不临朝视事，且对孝宗不孝，好几个月不去看孝宗。孝宗死后，光宗竟不出宫成礼（不主持丧礼），宰相赵汝愚及朝臣韩侂胄便迫光宗禅位太子，是为宁宗。在这次事件中，叶适曾积极参与，出力很多。他这时已看出韩侂胄野心很大，曾劝赵汝愚防范，但赵汝愚不以为意，叶适便请求调任外官以避祸。不久韩侂胄果然专权，排斥赵汝愚，又立伪学的禁令，以打击儒者及不阿附自己的士大夫，叶适也遭到贬官，不久，任湖南转运判官。后来韩侂胄想建立大功来增加名望，便倡议北伐。当时叶适任工部侍郎。叶适素来主张复仇，但这时他并不赞成韩侂胄的意见，认为先要巩固根本，才可以进取，劝韩侂胄谨慎从事。但韩侂胄终于出兵，结果各路兵都溃败。金兵分道南下，直迫淮南，朝廷大震。当时叶适受命任江淮制置使，主持军事防务。他很有这方面的才干，局面因而稍微安定。当时朝臣主张再和金人讲和，叶适则认为不必，主张加紧修好武备，等候机会进攻。但宋宁宗终于杀韩侂胄和金人讲和。当时有人诬陷叶适阿附韩侂胄用兵，结果罢了叶适的官职。叶适也不加辩白，此后便闭门不出，家居十三年而卒，年七十四。他曾叹息说："女真（金人）崛起，一下子便强盛起来，盛极必衰，一定有他人出来而灭亡他们的，所以女真并不可畏。"他似乎已预见蒙古的强盛，可说是有先见之明。

叶水心是浙东永嘉学派的主要人物。他很会思考，把永嘉的功利学说阐述得很彻底。他主要的作品是《总述讲学大旨》及《习学记言》。《总述讲学大旨》是叶水心因看到范育（张横渠的弟子）所作的《正蒙序》，感到不满而写成的文章，这文章最能代表他的见解。范育的《正蒙序》说："道只有一而已，无论天地多大，时间多久，也不会更有别的道。这道充塞于一切之中。天的覆、地的载、日月的明、鬼神的幽、风云的变、人伦的正，都是这道的流行。若认为这道不足够，更要往上说，便是过分的狂言；若不说到这里，则是不到家的卑说。而这道自孔孟殁后，便不被人所了解；千余年间，不合理的说法到处流行，其中佛老之说更是深入人心。佛老之徒夸大他们的理论，以为他们那些所谓精微的理论，是儒家所不能谈的。而一般儒者也认为佛老所说的道是孔孟所未曾说到的，于是便崇信佛老，没有一个人敢本着儒家的道来跟佛老争辩的。只有张子（横渠）因为有过人的才识，又真能了解古圣先贤所说的道的真义，于是便奋起和佛老辩，以明儒家大中至正之道。"范育这序说得十分允当，并没有过分之处。但叶水心却十分不满，因为他所认为的道和正统的宋儒所说的不大一样，他在《总述讲学大旨》中说：

"道开始于尧。尧帝敬事明达，文雅，有谋虑，和柔，又能恭敬及谦让。他任命羲氏及和氏顺应天象，谨慎地把四时月令颁授给百姓，使百姓知道什么时候耕作及收获。"

"然后是舜，他睿智文明，温恭诚信。他用圭表（古代利用日影进行测量天文的仪器）观察天象，测度日月星辰的运转。舜的微言（精深微妙的说话）说：人心是很难合于公正的，道心（合于道的心）是很难明白的，只有能精察及专一的人，才可以把握到中道。"

"然后是禹。禹说：为君为臣都是很艰难的，顺着善去行，便吉，跟着恶去行，便凶，这是一定的，便好像有形便有影，有声便有响一样。"

"然后是皋陶（舜及禹时的贤臣）。他倡明人的德行来补充天德，观察天道以开人间的治道。教养天下人才，是从皋陶开始的。"

"然后是汤。汤是这样说性的：伟大的上帝降下中道给百姓，人可顺着本性而为善，但只有经过君师的教化，百姓才能真正安于善道。"

"然后是伊尹（商朝名臣）。他说：德只有一，始终唯一。又说：善无常主（没有一定的形态、做法），能合于本原的一，便是善。"

"关于道德性命、天人之间的关系。君臣百姓等各方面的道理，尧、舜、禹、皋陶、汤、伊尹等古代圣君贤臣，全都说到了呀！"

叶水心认为上古圣君在言行中所表现的道已经十分齐备，那是道的本统（根本的、原本的传统），上古的道并不只是谈说的，而且也可同时实现而成为人生日用的种种事务，如天文、历算、农田、教育、政治等。即道便在客观的事功上表现，道与事功是合为一体的，这是浙东学派的最高理想。

但尧舜禹汤时候所表现的德行和事功，只是自然的、不自觉的表现，那是自然的道德与政治的合一，而道之为道的真正意义，在那时是不被人觉察的，即那是道德和政治以一种原始的和谐状态而结合着，德便是政，政便是德，但人对德和政的意义，并未有充分的自觉，必须到孔子出来，提倡成德之教，然后道的真义才被人了解。当然孔子也十分推崇尧舜三代，但那是以尧舜三代作为理想的基型，即以上古的德和政的自然和谐的状态，来做儒家道德和政治合一的理想的例子。我们不能因此便以为尧舜禹汤时代便是最理想的时代，那时的君主已像孔子一样对道有充分的自觉，而且能自觉地把道实现在现实的政治教化上，而后来的历史却一步步地倒退。我们必须了解，儒家的推尊尧舜及三代，是取那时的道和政和谐的意义，来象征儒家的理想世界。

但叶水心的推崇唐虞三代，并不是以之作为一理想的基型，他认为那是道的本统，是最理想的时代，而孔子以后的儒者所说的道，皆不及这道的本统。道的本统的意义及规模可以周公所制定的礼乐政教为例，叶水心说：

"周公把政治及教化一起施行，礼乐及刑法同时运用。订立各种职官事务，虽然名目烦琐，但每一项都具备道德义理的意义。自尧舜以来，圣贤一个接着一个，都有许多制作，但都比不上周公所制作的完满齐备。这不只是周公一个人的成就，召公（周初名臣）也有功劳，于是便形成了周代粲然齐备的礼乐政制。由上可知，道统是明显地连贯着的。"

按：从尧到周公，是政治教化融合为一的时期，这是道的本统。但唐宋人所说的道统，是以孔子为中心关键人物的，而叶水心认为，孔子只是保存三代典章遗文的文献专家，他说：

"至孔子时，周代的礼乐政制已经崩坏，从古代所传下来的法度也全部散失，诸子百家及辩士各人有各人的说法，孔子搜补遗失的文献典籍，以及《诗》《书》《礼》《乐》《春秋》，这些都是述（转述），而不是作（创制）。（孔子只是重新整理古代的文献典籍，保存从古代传下来的种种，而这些都是古代已有的东西，而不是孔子所创造的。）孔子所作的，只有《易经》的《象辞》及《象辞》。由于有孔子，然后唐虞三代的道才得以流传下来。"

叶水心也推崇孔子，但他认为孔子的功绩在于保存唐虞三代的道，功在于保存而不在于创作。当然道也只是一道，说孔子的道是继承唐虞三代而来的，也没有什么不对；但孔子的伟大，在于提出"仁"来彰明道的意义。从孔子开始，才对道的意义有所自觉，而不是只停在上古政和道合一那样的自然和谐的状态。孔子以前的圣王贤臣说的道，多从在人之上的皇天上帝说，而不从人的内在的生命精神说。孔子说仁，便是从人的内在精神上说，尽内在的仁道，便可和超越的天道相合，这样道的内容意义才真正为人所了解，而人道和天道才可以相通，而人的意义和价值才可以充分地建立起来。这是孔子最伟大的贡献。所以孔子虽是传统的道的继承者，但同时也是创造者。孔子提出仁道，是有创发性和突破性的，他不只是尧舜三代的文献典籍的保存者，更是中国文化精神的创造者。而叶水心说，道是以尧舜三代的政教典章为标准，对孔子的仁教并不能了解，因而对孔子以下的能传孔子的道的儒者都有所不满。他说：

"孔子殁后，有人说曾子能传孔子的道，然后曾子传子思，子思传孟子。"

在这一条下，叶水心有一段按语批评曾子，他说："曾子的学问以身为本，除了用心在容色态度言辞语气等事之外，其他方面都没有照顾到。对于大道，遗漏很多。"又批评子思，说《中庸》所说并不是上古道统所有的道（以前人都认为《中庸》是子思的作品）："孔子曾说中庸这德行，很少人能做到，而子思则作《中庸》。若以为那是孔子的遗言，是特别告诉子思的，那么孔子便是故意隐藏精微的理论，只告诉自己的子孙，而不教给颜渊等弟子，这一定不是事实。如果是子思所自作的，则《中庸》的内容过于高深，并不是古代圣贤所传的道。那么所谓孔子传曾子、曾子传子思的说法，一定是谬误的。"

由叶水心的批评，可知道他对曾子及子思（以《中庸》的义理代表子思）并没有了解。曾子的贡献，在于能体会孔子的仁。曾子以忠恕说仁道，非常真切。而且他的反省慎独的功夫做得很深，极显道德意义的严肃。曾子曾说："仁以为己任，不亦重乎？死而后已，不亦远乎？"（君子以仁作为自己的责任，不是很重吗？到死时路才能走完，不是很远吗？）既以仁为己任，世间又有哪些事务不包含在里面呢？路要到死时才走完，又哪里只是用心在自己的身上呢？这可见叶水心对"仁"的体会实在太浅。又他以为《中庸》所说的义理比尧舜三代所说的道来得精深高远，便不是道了，这种态度实在太过，难道人的思想便一定要局限在具体的礼文制度上，而不可以作深远的思考吗？此可见只一味重视事功者对心性之学的隔阂。

叶水心对孟子稍微客气，说孟子明白尧舜禹汤以来的圣贤统纪，又说知言养气，内外都下功夫，且孟子又论及文献礼乐，大抵可传孔子之道。但他对孟子也有批评，说孟子说的性、命、仁、天的意义，都是古人所未曾说的，是"新说奇论"。可知他全不了解孟子的内圣之学。只因孟子常说唐虞三代的德治，便勉强说孟子能明白道的统纪。叶水心说孔孟，其实只说到孔孟的外表，全未接触到孔孟之学的内容，只见"迹"，而不见"本"。

　　叶水心亦批评及《易经》，说《易经》并非伏羲、周公所作，孔子只作《彖辞》及《象辞》，而后世之论《易》的人，不重视《彖辞》及《象辞》，而只诵习"十翼"（其实《彖辞》《象辞》也是"十翼"一部分，叶水心不知何故这样说），他认为"十翼"不是孔子所作，不是古圣所传的道，所以后世根据《易传》（"十翼"）而开出的义理，都不是真正的道。而自周濂溪起，理学家主要讨论的文献便是《易传》《中庸》《孟子》《论语》，而讨论《孟子》《论语》时，又重在性命天道之说。那宋代正统派的理学家所论的道，依叶水心看来，显然便不是唐虞三代的"道之本统"的道了。

　　最后叶水心作结论说，宋儒所根据以对抗佛老的理论，都出于《易传》《中庸》《孟子》，而这些都是古代圣贤所未曾说过的"新说奇论"。以这些新说奇论来对抗佛老，实在是帮助敌人来破坏自己，以病为药，即是说不但不能对抗佛老，反而使自己迷失正道。

　　叶水心认为只有上古圣贤相传的经制事功之学才是道的本统，不但反宋儒的说心性理气，且连《孟子》《中庸》《易传》也一起反对，可说是勇悍彻底。

　　叶水心的另一著作《习学记言》，内容不出于他在《总述讲学大旨》中所说，现选抄几条在后面：

　　"古代的圣贤是没有单独说心的，舜虽提出人心道心的说法，但他也不是只治心而不做其他事，到孟子才有尽心知性、心官（孟子：'心之官则思'）、贱耳目的说法。"

　　"耳目及心各有职责。耳目是官能，都不用思考，自然会聪及明，心会思考，所以成就睿智。耳目是从外而内（把外面的东西吸收进来），心则从内而外（将心的明智运用在外面），必须内外互相配合，互相成就，才可到达圣贤的地步。把心视作官能，那是孔子之后才有的说法；认为性是善的，是从孟子开始说的。于是后来的学者便把古人的规矩条目全都废弃了，专门用力在心上，重内而遗外，于是尧舜以来的内外相成的道便被废弃了。"

按：孟子所说的心之官不是一般所说的感官的官能，也不是一般所说的思考。"心之官则思，思则得之"，是说本心呈现时，便会明悟天理，而做生命活动的主宰，那是"大体"。而耳目的器官，是"小体"。孟子是用耳目之官的官能来比喻本心的主宰作用，而叶水心则一定要反对以心为官能的说法，似是认为若以心为官，那心便可以代替耳目等官能的一切作用，人只要求之于心便得，便有重内而遗外的毛病。其实这种担心是不相干的，而且是误解了孟子的意思。其次，说性善是肯定人人都可以为圣人，说仁义之道，是人人本有的。那是指出道德实践的根据，并不是说只有性是善的，其他都不善，于是废弃外面一切，专用力在心性上。

"忠以尽己，恕以尽人，虽说是内外合一，但自古圣人经纬天地的妙用，当然不只是这样而已。"

这条批评曾子以忠恕来说孔子的一贯之道。尧舜时所做到测天象、明历算、教民耕作收获等事情，当然不能由忠恕之道直接产生出来，必须加上观察、思考种种活动，那些是科学性的知识，必须要以认知活动来成就。忠恕之道只是给予人的活动一个目的，一个方向，要人尽自己的心及推己及人。那是做人做事的大原则，人生一切活动都不能违反这道。至于如何去做这事或那事，方法如何，手续如何，便是知识的问题，当然不是说本心性命之道便可以解决的。孟子说本心善性，曾子说忠恕之道，是立本之学，本立了之后，一切知识当然都要讲求。本及末，道德与知识，是不同层次的，并不相冲突、妨碍。只要明白这里面有不同的层次，便不会对宋儒心性之学产生误解。

"董仲舒正谊不谋利，明道不计功（凡做事先要问应不应该，是应该做的，即合于道义的，便要去做，而不计较后果是利或害），这两句话，初看是极好的，但仔细考虑，便觉得有毛病。古人是造福别人，而不肯居功，所以道义光明，但若无功利，则道义便成为没有用的空话了。"

董仲舒的意思是要以道及义来决定我们的行为，而不要被功及利所决定，是要求行为的动机的纯正，使心不为私欲所扰乱，而不是不要事功。不谋利、不计功的意思是说，不要以功利的多少来决定自己的行为。譬如，在帮助朋友时，只是因为朋友是应该帮忙的，便去帮忙，而不是为了利（如朋友会感激我，给我报酬，或以后会帮助我），才去帮忙。单为道义的缘故而去做的行为，才是真正的道德行为；若是为了利益效果去做，便不是道德行为，这种分别是很显然的。而正谊明道而行，并不排斥功利效果，如我要帮朋友忙时，虽然我不能存有希望朋友报答我的心，但我当然要真实地帮忙朋友，使朋友的困难得到解决，这使朋友真正得到帮忙的功效，当然是要达成的，而且我也不是一定不让朋友感激我，甚或报答我。对于董仲舒上述的两句话，我们要体会原意，不能随便引申，叶水心的批评并不恰当。

叶水心的论学意见，大致如上述，后来以事功不足为理由攻击宋明心性之学的人，如明末清初的顾炎武、颜元、李塨、戴震及民国以来的许多学者，他们的理论都不出叶水心所说的范围，其实这些人的批评都是不相应的。

二十七、陆梭山、陆复斋

（一）陆梭山先生九韶（1128－1205年）

陆九韶，字子美，抚州金溪（今江西金溪）人，学者称他为"梭山先生"。陆家共有兄弟六人，他排行第四，而陆九龄（复斋）、陆九渊（象山）都是他的弟弟。陆家好几代都是兄弟聚居在一起不分家的，所以人口众多，通常以年纪最长的做家长，主持一家的事情。各子弟都领有职务，如田畴、租税、出纳、饮食、宴客等事情，都有专人负责。每日早上，家长便率领全族大小拜谒先祠，然后击鼓，读道德训词（梭山曾将训词编为韵文）。子弟若犯有过失，便会同众子弟来责备教训他，若再犯，便加以鞭挞，若始终都不肯改，然后送交官府。他们兄弟便在这大家庭中历练以成就学问。他们也没有受过别的儒者的教诲，只是兄弟间互为师友。陆梭山的学问渊博纯粹，但隐居不肯出仕。有一次，他对周濂溪的《太极图说》有怀疑，认为太极是真实的存在，怎可以又用无极来说它呢？以无极来说太极，有虚无好高的毛病。他曾为这问题写信和朱子讨论，朱子回信说太极当然不是虚无，但是太极是形而上的，不是现实的有形的东西，所以用无极来形容它，即是说太极是无形无状的，不是一个东西。陆梭山对朱子的答复并不满意，但没有和朱子再讨论下去。后来他弟弟陆象山却重新提起这问题，和朱子做了一番很激烈的辩论，结果不欢而散。

陆梭山著有《梭山日记》，里面有许多平实恳切的话，现选录于后：

"人哪有不爱家爱子孙爱自己的？但每因不明白如何去爱，最后常反而损害了家庭子孙及自己。一家的事，最重要的是和睦安宁及悠久。而达到这目的的方法是孝悌谦逊。若在家庭里面，从未有说及仁义之道，而日间所做的，夜里所想的，都是名利，大家聚在一起讨论的也是如何求名利的话，人便会以名利得失为最重要、关心的事。偶然顺利，便雀跃欢欣；一有阻碍，便朝夕忧愁，甚至怨天尤人，父子失和，兄弟反目。那不是爱之适足以害之吗？"

这段是说教子弟以仁义，方是真爱子弟，若教以求名利，则最后一定是害了子弟。

"追求利而又能顺利达到的，百中无一，追求名而又能达到的，千中无一。我们在世间不过百年，而却追求百中无一千中无一的事，希望侥幸得到，不正是太痴呆了吗？其实即使真的让你求到官职，你对仁义之道一点也不明白，又哪里会是家族的光荣呢？"

"事有本末。知愚贤不肖是本，贫富贵贱是末。得到了本，末便随着而来，若只趋求末，则本末会一起失去。如果现在行孝悌仁义，那便是贤智的人，众人也会尊重仰望，虽然生活贫困，但自己内心也会充满快乐，这是明白义理的缘故。这不是得本而末便随着而来吗？若是只晓得贪财好利，便是不贤不智的人，不贤不智，便会受人鄙视，虽然身处富贵中，自己心中也不会感到快乐，那不是趋末而本末都失去了吗？"

严松年（梭山弟子）有一次问梭山："孟子用王道来游说诸侯，是希望诸侯尊重周天子呢？还是希望诸侯得天位呢？"梭山答："是希望诸侯得天位。"松年再问："那不是教导诸侯篡夺周天子之位吗？"梭山答："（孟子说）百姓是最重要的，其次是社稷，君是三者中最轻的。"陆象山听到了，赞叹说："我哥哥平日没有像这样的议论，自古以来也没有这样的议论！"

从这条可以看出陆氏兄弟识见之高，他们并不盲目尊君。

（二）陆复斋先生九龄（1132—1180年）

陆九龄，字子寿，抚州金溪（今江西金溪）人，陆梭山的弟弟，学者称他为"复斋先生"。他十岁时，母亲便去世了，他哀哭居丧，如同成年人一般。当时秦桧当政，科举场中不再讲程子的学问，复斋在旧书堆中找到程氏遗书，专心研读很久。曾得吏部郎许忻的赏识，当许忻任职邵阳（在今湖南省）时，曾请复斋前往襄助事务。从邵阳回来后，复斋更加专心学问，造养甚深。他们兄弟之间，和而不同，常相讨论。闲暇时，他便和子弟练习射箭，说："这是男子应该懂得的事情"，这在宋朝重文轻武的风气下是很难得的。从此乡里间的读书人便不敢再鄙视射箭练武。当时庐陵（今江西吉安）有盗贼，旁郡都请复斋主持防御。附近的盗贼都互相告诫，说："那家（指陆家）是射箭常常命中的，千万不可到那里找死。"复斋在家又讲习家礼，孝悌之风闻于天下。后他往京城入太学，太学中的知名人物都争相和他结交，拜他为师的人也很多。复斋于乾道五年（1169年）中进士，任兴国军教授，当地民众很少有志于学的，所以学生很少，但复斋并不因此而闲逸，每次讲学都正衣冠，严规矩，如同面对大众一样。他任此职只九个月，因继母去世，辞职守丧。服丧期满后，调任为全州教授，但当时他已患病，还未上任便去世了，年四十九。

复斋曾和弟象山在江西鹅湖会见朱子，他曾作了一首诗来表达自己的主张（诗见后述陆象山处），虽然和朱子论学的见解不合，但由于他性情较为平和，所以后来和朱子常有书信来往，在朱子到南康赴任时，复斋曾亲往探访，畅谈学术。朱子对他十分敬重，说："子寿极务实，有功夫。"在复斋死后，朱子写了一篇很婉挚的祭文来哀悼他。

复斋性情和粹，但很自信，很有志气，曾说："若要平治天下，则当今之世，除我以外，还有谁能够呢？假如不能用于当世，便成就人才，传之学者。"他论学有很多精语，如：

"若要治人，先要治己，治己最重要的是治气，若气不平，便有许多毛病。"

"人生的迷执有千万种类，而大抵都是利欲。"

"须磊磊落落做大丈夫，净扫平生谬误的意见。"

"不知命，无以为君子（出自《论语》，命是限制之意），这意思不可不先讲习，若习到在面临利害得失时，无忧惧心，平时则胸中泰然，无计较心，便是真知命了。"

"声气容色、应对进退，便是致知力行的根本，如不能在伦常日用中用功，则虽然从事于著作及讲论，也不是古代所谓的讲学。"

"整日谈虚空，说性命，而不知践履，欣然以为自己已明道，其实是全无效用。"

"离开形色（现实的生命）而说性，离开视听言动而说仁，并不算是知性。"

由上述可见复斋教人，要在日用伦常的践履中显出天道性命的真实意义。

二十八、陆象山先生九渊（1139—1193 年）

（一）

陆九渊，字子静，自号存斋，抚州金溪（今江西金溪）人。在陆家六兄弟中，他是最小的一个。他自小便爱好思考，三四岁时，曾问父亲天地的边界是什么，他的父亲很惊讶，但只是笑一笑，没有回答。陆象山便自己沉思，希望找出答案来，连寝食都忘记了，直至被父亲呵责，才不再去想。到八岁时，读《论语》，他觉得有子（孔子弟子）的说话和孔子的说话不相类，又曾听人读程伊川的书，感到很不舒服，说为什么伊川的说话不同于孔孟的呢？他哥哥陆梭山曾说："子静弟高明，自幼已不凡，遇到每一件事物，都能有所省发。"十三岁时，读古书，看到有"宇宙"两字，书中的注解是："四方上下曰宇，往古来今曰宙"，于是他便恍然大悟，说："原来宇宙是无穷的，天地万物都是在这无穷之中的。"于是便拿起笔来写道："宇宙内的事，便是我分内的事；我分内的事，便是宇宙内的事。"又说："宇宙便是吾心，吾心便是宇宙。东海有圣人出焉，此心同也，此理同也；西海有圣人出焉，此心同也，此理同也；南海北海有圣人出焉，此心同也，此理同也；千百世之上，至千百世之下，有圣人出焉，此心此理亦莫不同也。"

由这些话便可以见到象山的学问路数，他一旦了解到宇宙原来是无穷的，便马上要效法这无穷，又马上反省到自己这要效法天地的无穷的心，也是无穷的。所以我这当下的心即是宇宙，宇宙亦即我的心。宇宙内的事便是我分内的事，我分内的事便是宇宙内的事，那我的心，不正是宇宙的心吗？不正是天理吗？所以不管是在什么地方，什么时候，假如有圣人出来，那圣人的心也不外是这个心，圣人所体会到的理也不外是这个理。当然象山在这里所说的心，并不是血肉之心，也不是认知思考的心，而是道德本心。感到宇宙事便是自己分内事的心便是本心，这本心是普遍的心，不只是你的、我的，而是一切人的。那是天理呈现在我心上，天理的内容意义便完全在本心呈现时呈现，所以本心即是天理。象山十三岁时便有这洞悟，可见他智慧的早熟。而他一生，也本着这洞悟来讲学。

象山十六岁时，读史书，知道"五胡乱华"的史实，又听人说及北宋末年金人南侵，造成"靖康之难"的惨事，于是便剪短指甲，学骑马射箭，要雪祖宗的耻辱。二十四岁时中了乡举，曾说："我应举考试时，从没有患得患失的念头，考试时所写的文章，完全是写自己所学的心得。"陆复斋有一次问象山："你现在是在什么地方下功夫呢？"象山答道："在人情事势物理上下功夫。"所谓在人情事势物理上下功夫，并不是指知道物价的高低、物品的好坏，而是在日用伦常中践履，切实反省从事道德的生活。此后十几年，他在家一面读书，一面处理家族的事务，曾掌库（理财政）三年，所学大进。

象山三十四岁时，参加礼部考试，中进士。那时吕祖谦当考官，和象山未曾相识，但一读到象山的文章，便感到心开目朗，认为只有江西陆象山才能写出这样的文章（当时象山已很有名气），可见吕祖谦眼光的独到。

象山在中进士后，声名大噪，四方的学者都来向他请教，一个接着一个，使他一连四十余日都不能好好睡觉。受他的指点而感发兴起的人很多，他最出色的弟子杨慈湖（名简）也在这时来问学。象山的讲学事业在这时正式开始。他教授学生，并不需要有学规，而学生的善心自然会兴起，容貌自然也会庄敬，而后到的学生更是一下子便被象山师生间这种庄敬融和的气氛所潜移默化。象山有深知人的心术隐微的洞察力，每每只要几句话，便能说出学生的心中想法或隐私，学生常因此而汗流浃背。他一下子便能把你的毛病指出，也会立刻使你纠正。象山说："念虑有不正当的，一下子知道了，便可以改正，若念虑本来是正当的，一下子失了，便会不正。"和象山同乡的朱济道兄弟年纪比象山大，也去向象山问学，曾对人说："近到陆家，陆先生教诲人，很是深切明白，大概是令人求放心（把放失了的本心找回来），他和几位有志于学的相与讨论，所讨论的莫不是这方面的学问（求放心），并不着意于讨论书本文字，令人叹仰不已。如果有学生想要作文章的，先生便要他先收拾自家的精神，涵养德性，说若根本已正，便不怕不会作文章。"

象山另一弟子傅子渊曾说："我向来只知道有科举，读书只为了应考而做准备，后来稍能知反省，当时陈正己（象山弟子）从槐堂（象山家居讲学的地方）回来，我问他陆先生怎样教人，他说：'我在那里整整一个月，先生谆谆训诲的，只是辨志（辨明志向）。'先生又曾说：'古人入学第一年，便已知道离经（把经书标点分段）和辨志，而现在的人，有一生都不知道辨志的，真是可哀可怜。'当时我还未十分明白，后来读《孟子》，心中忽然开朗，便知道往日心思，全都落在利欲上，从这时起，我才晓得明辨自己的心志。但虽然是这样，我还不知道要怎样下功夫，及至亲见到陆先生，才得到一个入路。"

辨志便是辨明自己心志的趋向，心志的趋向，不是义，便是利。人一旦能辨志，便可从利欲中惊醒过来，而趋向于义。所以辨志便是义利之辨，这是象山教人的最切要的功夫。人能明义利之辨，从利欲中脱离出来，才可以从事于圣贤之学的追求，若义利不明，始终在利欲中打滚的话，虽是把圣贤书全都读熟，也和圣贤之道沾不上半点关系，而且会把所学用在助长私欲上。

人能辨志，便一定能不安于利欲，便一定希望自己能做一真正的人，这时本心便呈现。只要保存这本心，那见到父便自然知孝，见到兄便能知悌，应当恻隐（伤痛不安）时便会恻隐，应当羞恶时便会羞恶。这时，理便是本心，不用到外面寻找做人做事的法则。这是象山本着他早年的洞悟，而提倡的"心即理"的说法，说人只要能明义利之辨，求回本心（实则本心未曾放失，只是受利欲所蒙蔽，人一旦不受利欲蒙蔽，本心便自然呈现），先立乎其大者（孟子语，大是大体，亦即是本心），天理便自然呈现，所以此心此理，不用向外寻求，只要人能切己反省，不自欺自瞒，当下便是本心，便是天理。这与朱子的格物穷理致知，先涵养后省察的说法是截然不同的。在朱子的学理系统中，并没有孟子及象山所说的本心的意义。而是理在心之外，心要格物致知才能明理，持敬涵养才能省察，这是后天的渐教（用后天的努力一步步地接近真理）的教法，若没有下功夫于格物持敬，人心便不会合理。像象山认为，只要辨志，切己反省，当下便是天理的呈现，天理是活动的，即是人的本心，本心是无时不在的，你要求回它，它便马上呈现。

（二）

当时朱子在思想界已有崇高的地位，许多人已把朱子学说奉为金科玉律，现在象山突然起来，提出和朱子截然不同的学说和教法，这对当时的人造成很大的震撼。于是当时的学者便希望朱陆二人能好好地讨论一下，消除彼此间的不同意见，使思想界不致产生重大的分裂。由于吕东莱和朱陆两人都有交情，于是他便出面邀约朱子和陆象山在江西鹅湖的鹅湖寺中相会，讨论学术异同。那时朱子四十六岁，象山三十七岁，两人的学问见解都已经成熟定型。当时象山的哥哥复斋（陆九龄）和象山一起赴会。在他们起行前，复斋说："伯恭（吕祖谦）约元晦（朱子）来聚会，是要讨论学术异同，若我们兄弟意见不同的话，又怎能希望在鹅湖和元晦讨论时，能取得一个大家赞同的结论呢？"于是象山兄弟便首先自行辩论，论了一整天，复斋终于认为象山的说法是对的。第二天，复斋说："我晚上反复思索，都觉得子静（象山）的说法对，我为此写了一首诗来述意。"复斋的诗如下：

"孩提知爱长知钦，古圣相传只此心。大抵有基方筑室，未闻无址忽成岑。留情传注翻榛塞，着意精微转陆沉。珍重友朋相切琢，须知至乐在于今。"

这首诗的大意是说：人自小便有爱亲的心，稍长大，便知尊敬长辈，这是人天生固有的本心，而古圣相传的也只是这心。一切的道德生活、道德实践，都是因为有这心的缘故才成为可能，这本心是道德实践的根基，就好像高楼大厦的地基一般。若是人没有这本心的话，无论如何都不会有真正的道德行为出现。若只知用心在书册文字上，用心思去推敲思索，而不先恢复本心的话，那本心便反会被阻塞、蒙蔽了，真理也会被歪曲颠倒。最后两句是说这时朋友兄弟间的恳挚讨论便已是本心的呈现，也是最大的快乐。

象山看了这诗后说很好，又说第二句有点儿不太妥，要在起行往鹅湖时，沿途作一首诗来和答。

他们兄弟到了鹅湖后，吕东莱问复斋近来的心得，复斋便举出上面那首诗，才念了四句，朱子便说："子寿（复斋）望已上了子静（象山）的船了（已顺从了象山的见解）。"待复斋把诗念完，朱子便和复斋辩论，象山说："我在途中作了一首诗来和我哥哥这首诗，是这样的：

"'墟墓兴哀宗庙钦，斯人千古不磨心。涓流滴到沧溟水，拳石崇成泰华岑。易简功夫终久大，支离事业竟浮沉。欲知自下升高处，真伪先须辨只今。'"

这诗是说，人见到墟墓便兴起悲哀之心，见到宗庙便兴钦敬之心，这兴哀兴敬的心，是不需要经过学习而自然有的，这便是古往今来人人共有的永不磨损的本心。（复斋诗第二句"古圣相传只此心"是方便说法，其实心无可传，只是自己的本心呈现，而自己的本心即一切人的本心，亦即是一切圣人的心。心只有一心，理亦只有一理。）第三、四句是说沧溟（大海）的水，来自涓涓的小流，泰山华山的高耸，也是由一拳的土石累积而成。如无涓流拳石，何来沧海泰山？意即如无这人人本有的本心，那道德实践又从何而来呢？人又怎可以成贤成圣呢？这本心的呈现表面看虽然很少，只呈现在我有限的生命中，但其实人生的一切价值，以至天道的生生不已，都和这呈现于我此刻的本心是一体的。永恒的天理天道，便是我此刻呈现的本心。第五、六句说恢复本心，当下逆觉的功夫是内圣学的本质的功夫，是简易直截的，若不能当下反己自证，恢复本心，而却去格物穷理，那是歧出迂曲的、不合理的做法，那样做，人将永不能明白道理。支离即不相干的意思。最后说若要真正作道德实践，使自己从低而高，由凡而圣，便一定要在当下马上反省，回到自己的生命上看，逆觉自己的本心，只要你肯一下子扭转过来，便可呈现本心，这是道德实践的最要紧的功夫，也是人的或迷或觉的关键，等于人的生死关头，千万不能轻轻放过。

陆象山兄弟的两首诗都非常精切，都很清楚地表示出儒家内圣学的纲领。他们是本着孟子所说的本心善性的义理而说的，肯定人的本心便是理（道德法则），同时亦即是天道，而本心是人人皆有的，只要人肯求回本心，本心便马上呈现，本心一旦呈现，才有真正的道德实践，而天道的生生不已，宇宙的无穷无尽，都不外是这心所呈露出来的意义。当然人容易受私欲的障蔽，本心不能常常呈现，但只要你真切反省，明辨义利，本心便立刻呈现，无论多么大的私欲都不能阻挡本心的呈现，所以内圣之学最关键的功夫是逆觉本心。只在你自觉时，本心才会被你了解，它不能作为一个给你去了解的外在对象，所以朱子的以心求合理，由格物致知而明太极之理的做法，是支离的、不相干的，这样做，便好比人在大海中浮浮沉沉，永不能到岸。

陆象山这样的说法，朱子当然很不同意，所以他在听完象山的诗时，便露出很不以为然的神态。说完了诗，他们便各自休息。第二天，朱子和吕东莱提出了几十条议论来问难，据象山的记载，所有的问难都被象山破解了。再一日，双方又辩论。象山说："其（指朱子）说遂屈（屈服）。"很可能在这次辩论中朱子是处在下风的。当时象山原想要质问朱子："尧舜以前曾读何书？"意即在尧舜以前，并无书可读，但尧舜也可成为圣人，证明为圣在于呈现本心，而本心人人皆有，不是读了书才有的。象山这质问十分尖锐，但当时被复斋阻止了。不久鹅湖之会便散。双方虽能保持客气，不致不欢而散，但朱陆两人始终都谈不来，鹅湖之会调和异同的目的最终无法实现。鹅湖之会后，张南轩（栻）写信问朱子陆氏兄弟如何，朱子回信说："子寿兄弟气象很好，他们的毛病是全不讲习学问，只务践履。而且在践履中要人提撕省察，悟得本心，这是最大的毛病。但他们的操持诚谨，表里不二，实在是一般人所做不到的。只可惜他们自信太过，规模窄狭，不肯采集别人的长处，恐怕会流于异端（不合理的学说）而不自知。"

依朱子看来，陆象山的说法当然太疏阔。没有平时的涵养功夫，又如何能提撕省察呢？不读书，不格物，又如何能明理呢？朱子不了解象山所说的，是孟子的恢复本心的义理，并不是不讲习学问，专务践履，而是说讲习学问并不是内圣学的本质。陆象山所说的当下反省，也不是朱子所了解的先涵养省察的省察，依朱子，能省察的心是气之灵的心，这心明理后便可做生命活动的主宰，而这心并不是象山所说的本心。本心呈现，便自然明觉，自作主宰，是创生直贯的本心，而不是认知横摄的气之灵的心。以象山看来，朱子的一大套功夫只是助缘，而不是本质的功夫。对于本心未呈现的人，要他持敬穷理，当然会使人集中精神，不致胡乱妄作，而在格物读书的过程中，当然会因为了解许多嘉言美行及事情物理，而使自己的本心较容易地呈现，但最后还是要人自觉，本心才能呈现，肯定了本心，读书穷理才会有助于道德实践，若不肯定本心，那便成无源头之死水了。

鹅湖之会后两年，复斋曾写信向朱子请教关于丧礼的问题。再过一年，朱子往南康军任职，行至中途，在信州铅山地方，复斋来访。朱子和他讨论，比较在鹅湖时谈得来，但恐怕复斋只是客气，或对自己和象山所代表的义理未必十分明晰。不久，朱子作了一首诗来追和陆氏兄弟在鹅湖的两首诗，这首诗说：

"德义风流夙所钦，别离三载更关心。偶扶藜杖出寒谷，又枉篮舆度远岑。旧学商量加邃密，新知培养转深沉。只愁说到无言处，不信人间有古今。"

这诗开首两句表达对陆氏兄弟的推重及思念，可以见到朱子性情的温厚。第三、四句是说当自己到南康赴任时，得到复斋不远千里来探望，非常感到荣幸。藜杖是藜做的手杖，寒谷是指自己所住的地方。篮舆是车马，当朱子行经铅山时，复斋来访，所以说是"又枉篮舆度远岑"。后四句是朱子述说自己的意见，认为研究旧学、培养新知，是入圣贤之门的必要门径。这两句文辞及意境都很美，道出朱子一生勤勤恳恳讲学论道的精神气貌。最后两句稍有点讥讽意味，说陆氏兄弟都重视现在，说"至乐在于今"，"先须辨只今"，以为这是最究竟的了，其实若说到无言说处，也无古也无今。其实朱子这末两句并不能代表什么义理，陆氏兄弟的重现今，乃是要人当下反省，是当机的指点，并不是指时间上的过去现在的意思。（又：最末两句语意不太明显，似乎也可解作：只恐怕你们只是说那不可用言来表达的太极天理的本身，而忽略了一切古今人间千变万化的事情了，即说二陆空谈道体，不顾事理。未知哪一种解释才符合原义。）

（三）

陆复斋在铅山见朱子后第二年，便因病去世，在他临终时说："近来觉得子静的学问非常明白，可惜不能再互相切磋，以更明白这道。"可见这时象山之学日有进步。复斋卒后第二年（孝宗淳熙八年，1188年），象山到南康探访朱子，请朱子替他的哥哥复斋写墓志铭。朱子便邀请他到白鹿洞书院，讲《论语》"君子喻于义，小人喻于利"（君子所了解的在义，小人所了解的在利）章，讲词如下：

"这章用义利来判别君子和小人，非常明白，但读这章的人，如果不能切己反省，恐怕也不会得到益处。我平日读到这章，也不是没有一点感受。我认为求学的人在这里要先明辨他的心志。人之所以会对某些东西深切了解，是因为他长期在做着那些东西，他之所以会长期在做那些东西，是因为他的心是用在那些东西上面。人的心志若是用在义上，则他所做的，便会都是合于义的事；若他所做的都是合于义的事，那他对于义便会有深切的了解，而一心一意为义。若是他的心志是用在利上，则他所做的便都是自私自利的事，那么他便只会晓得利了。所以求学的人的心志，不可以不及早辨明。"

"用科举考试来选取士人做官这制度，已存在很久了，所有的名儒重臣都从这里出来，读书人当然也不能不参加，以求考试中选，任官做事。但考试的中与不中，只是看考生文章技巧的好不好，或者考官的好恶如何而定，所以考试的中选不中选，并不能决定人是君子或者是小人。但现在的人都崇尚功利，一心一意在求取功名，虽然每天都面对着圣贤的书，但他们心里头所想的却和圣贤的教训背道而驰。考试中选做了官之后，又一心一意计算官职的高低、俸禄的多少。做了地方官的，便一心一意希望做地方上的要员，做了地方上要员的，便一心一意想要到中央任大臣，做宰相，于是人从少到老，从头到脚，都是在利欲计算上打滚，又几曾想到要尽心于国政民事，以求不负朝廷的托付呢？人一生都在经历事情，都在讲论，当然会对某些东西深切明了，但恐怕所深切明了的，不一定就是义啊！

"若能真正深思反省，不希望自己成为一个小人的，便要专心致志在义上，每日都从事于义，多方地学习，详细地请问，慎重地思考，明白地分辨，切实地实行；于是就到了考场，所写的答卷也只是说出平日所学及心中所蕴，而绝不会因应付考试，揣摩考官心理而歪曲自己所学，违反圣贤的教训。若为官，便一定会勤于职事，一心一意地想着国计民生，而不计较自己的利害，能这样，又怎会不是君子呢！"

这段话说得非常恳挚明白，可见象山对利欲的陷溺蒙蔽人的本心有非常深刻的感受。当时的听众都十分感动，朱子也说："我当和诸生共同遵守，以不忘陆先生的教训。"又说："我在这不曾说到这般深切，真是惭愧。"可见他们两位都有互相钦佩的君子风度。他们又一同泛舟游玩，朱子说："自有宇宙以来，已经有这溪和山，但不知曾否有过这样的佳客呢？"

后象山任国子正（国子监教授），在南宋首都临安共住了五年，来到他门下问学的人愈来愈多，他的馆舍旁边都住满了学生，他每到一个地方，地方上的男女老幼都来听讲，常有二三百人，无地容纳，于是便常常一起到寺庙里听他讲，这是以前很少见的公开的讲学。当时他又研究军事，访求智勇之士，有一个名叫李起云的，父亲是武官，曾得象山的教诲，几年后也任职武官，后来对人说："我少时曾经想率领五百人打劫起事，有一日见到陆先生，得先生教诲，才痛改前非，如果不是这样，我这一生恐怕便完了。"

象山在四十八岁时离开朝廷回乡，他的门人为他在应天山（在江西贵溪西南）上建筑精舍（讲堂）及庐舍，请他到山上讲学。象山见应天山形状似象，于是把它称为"象山"，自号"象山居士"，此后五年，他主要便在这山上讲学。这时期来向他问学的人共有好几千人。每天早上都开讲，学生百数十人坐听。他讲学时，首先要人收敛精神，涵养德性，虚心听讲。他不只是讲解经义，且常启发人的本心，听的人无不感发兴起。他平时或看书，或抚琴，若是好天气，便漫步山间，观赏瀑布，一路上高声背诵经文，或歌咏古诗，态度雍容。虽然是大热天，他也衣着整齐。学生向他请教时，他都和蔼解答，随着各人的性情及程度加以开导启发，或教以涵养，或教以读书的方法，从未有说闲事情的。

象山的弟子傅季鲁说："先生住在山上时，常告诉学生：'你的耳本来是聪的，眼本来是明的，对父亲自然会孝，对兄长自然能悌，这些都是人人本有的，不必向外寻求，只要能自立（自省自觉）便可以了。'有些人提出一些讲法，他便说：'这些都是虚说，闲议论。'又常说：'现在天下讲学的有两路，一是朴实，一是议论。'"另一弟子毛必强说："先生讲学，必先教人恢复本心，以做生命的主宰。恢复本心后，便加以涵养，使本心不断光明充实。读书及研究古事，不过是要明这理，尽这心而已。他教人的端绪便是这个，听的人都感动。当时先生和朱子的门人弟子都很多，也互相往来问学。朱子的门人听到先生的说法和朱子的不同，不重在文义的讲说，也无定本（凡书籍经校订者名定本，此处指象山的讲解并无指定教材），他们都感到无所适从，回去时又不能正确地转述陆先生的说法，于是引起朱子的怀疑，造成后来的争论，真是可叹。"从以上所说可见象山这时的讲学情况。

在象山五十岁那年，又和朱子为了周濂溪的《太极图说》而争辩。象山重提他的哥哥梭山（陆九韶）的意见，认为《太极图说》的第一句"无极而太极"有问题，在太极的上面不应再加"无极"二字，以无极说太极，恐怕是混有道家思想的成分（老子说："天下万物生于有，有生于无。"），因此他怀疑《太极图说》不是周濂溪的作品，或者是周子思想未成熟时所作。朱子则坚守以前和陆梭山讨论时的立场，认为无极是太极的状词。因为是最高的实体，所以说太极，但太极并不是现实世界中的一个东西，并无形状、定位，而是形而上的，神妙不测的，所以说无极，并不是道家的有生于无的意思。二人为这问题书信来往了三次，最后是各人坚持自己的说法，不欢而散。从客观的学术上来看，这次辩论朱子的说法较为合理。对于《太极图说》文义的理解，象山比不上朱子，他对于这方面的问题并没有很浓厚的兴趣，他是希望借着这次辩论矫正朱子对儒学理解的偏差，希望朱子能了解格物穷理、涵养致知之说法为歧出之论，不是孔孟的直下开显本心，从不安不忍处说仁的传统。

象山五十三岁时应宋光宗的诏命到湖北荆门军任职，他在任内发挥了自己军政方面的长处，一面新筑城池、理财税、修武备，一面设学堂、讲义理。他对僚属如朋友，教民众如子弟，虽是兵卒工友，也教以义理。百姓有争讼的，无论早晚都可以来官府要求办理。象山多用道理来教化他们，尽量使诉讼撤销，如果是涉及人伦的，更要毁去状纸，不予办理，以保持风俗的淳厚，不能教训使改过的，才用法来惩治。当地官吏的廉或贪，百姓品格的善或恶，他都非常清楚。有一次有人说某人杀了自己的儿子，象山说："不会这般严重。"后来调查，那人的儿子果然没事。有人被偷窃，不知谁干的，象山列出两个人的姓名，叫捕快抓回来，果然赃物都在他们家里。又有一次他对属吏说某地方某人将会作出不法的行为，第二天有人投诉遭遇抢掠，便是那人做的，属吏大惊，当地的人都以为象山有神一般的智慧。他治理荆门一年，政教修明，百姓风俗大为改良，但这时他已因为过于辛劳而病倒了。有一天，他对亲近的人说："家兄（指复斋）本有志于天下，但志愿还未施展便去世了。"又说："我也要去了。"第二天，便沐浴更衣端坐，不久便去世了，年五十四。他的死讯一传出，荆门境内的百姓都叹息流涕，去哭祭的人充塞衢道。棺柩返乡下葬时，会葬的有千余人。

（四）

前面顺着象山的生平，已大略叙述了他学问见解的大概，下面再摘录他一些论学的书信，以求更进一步阐明他的学问。

"这（本心）是我们天生固有的，并不是用外力强加在我们身上。思便得到，是得到这个。先立定那大体，是立这个。积善，是积这个。知德，是知这个。进德，是进这个。同于这个的，叫做同德，异于这个的，便是异端。当然，从善人信人以至大人圣人，其中是有境界的高低，发用的大小等不同，但其实都是这个东西在萌发苗壮以至成长，都只是这个本心在发用。学问固然无穷尽，但出发点及方向，可以在最初的时候加以辨明；是非对错，也可以当下判决。在孔门弟子中，颜渊最为好学，可以传孔子的道，可惜早死。后来曾子也能明白孔子的道，他个性鲁钝，远不如颜子。曾子之于颜子，颜子之于孔子，当然有高下的分别，但是曾子说："夫子的道德，好比用长江汉水那么多的水洗濯过，又经秋天猛烈的太阳暴晒过，那种洁白光辉，是再也没有人比得上的。'可见曾子虽鲁，但夫子的道，他是很真切地见到的。其实不只是曾子，君子的道就是愚夫愚妇都可以知、可以行。所以孟子说："人人都可以做到尧舜的地步'，因为人的自暴自弃，于是以四端（恻隐之心、羞恶之心、辞让之心、是非之心）来说："人人都有这心，如果说自己不能做到的，是自己贼害自己，说他的君主不能做到的，是贼害了他的君主。'孔子也说："假如有一日能克服自己的私欲来实践仁，那天下都归到你的仁心上来了（或天下人都称你是一个仁人）。'大家都是人，哪有不能克服自己的私欲来实践仁的？只是不能知道自己的不对，不知道要去改过而已。"

这段说本心人人都有，也是人人可知，只要肯切己反省，则是非对错可立时知道，所以鲁钝如曾子，也可以知孔子之道；愚夫愚妇，乃至一切人，都可以为圣为贤，只要自省自觉，不欺瞒自己的本心，让本心呈现，不断扩充便可以了。这本心是人人生而固有的，并不是要经后天的学习培养然后才有的。所以象山的教人，千言万语，都是要人开启本心，而开启本心，也只有自己下功夫，旁人是帮不来的。自己在哪里下功夫呢？在心志的义利、公私上下功夫，心志是志于义的，便保存下来；若是志于利的，便马上除掉。

"后世王政隐没，人的私欲愈来愈盛，不合理的说法及虚浮的议论愈来愈多，往圣的话语成为私人意见的装饰，于是使人忘记了根本，而追逐那些不应追逐的东西。今天那些从事于学问思辨的人，对于这根本（本心）不能深切了解，不去自觉自证，依凭空言，附着意见，把本来清晰坦然的道理说得模糊难懂，而且自以为是，认为圣贤之学非从这入手不可，误己误人，实在是圣门的罪人。"

"所有的东西和事情都有本末及始终的，知道哪些该先，哪些该后，那便近于正道了。若对于根本的开始点都不能知，而却用一切力量在末梢上，那一定会徒劳无功，最后本末全都失去。"

本心即理，人能反求于己心，便可坦然明日，若要绕到外面求寻道理，那便是舍本逐末，不但不能求到道理，反而会成为本心呈现的障碍，使人迷失在虚意闲议中，以为那些不相干的意见议论便是道理所在。象山的说话，是紧扣道德实践说的。要从事道德实践，便一定要开启本心，先立大体，这本心大体是人人本有的，只要肯自信自觉便是。而那些说理在心外，先要往外寻求，读书格物的说法，就道德实践上来说，只是次要的辅助功夫。要本心呈现了，大体立了，读书明理对于道德实践才有意义；因本心呈现，便是要及于物，而一旦及于物，知识便是必需的。但若不先明悟本心，却以读书格物为首要功夫，那便是颠倒了本末先后，会愈走愈远，什么都得不到。这是象山针对朱子的格物穷理的议论而发出的批评。象山认为，自证本心而立大本，是内圣之学根本的功夫，也只有这才是首要的功夫，若在这之外有其他的说法，那都是闲议论、虚意见，是无益而有害的。所以象山说，他自己没有什么说法，所说的都是实学，这立大本，呈现本心，是真真实实的功夫，也没有其他功夫、其他议论可说。"

"心只是一个心，理只是一个理，这心这理实在不能容许有两个，所以夫子（孔子）说：'我的道是一以贯之的'，孟子也说：

'道只有一而已'。仁便是这个心，便是这个理。去寻求，便得到，是得到这理。先知是知这理，先觉是觉这理。爱自己的亲人，是这个理。敬自己的兄长，是这个理。见到小孩快要掉到井里时，所产生的伤痛不忍的心，是这个理。见可羞的事便羞，见可恶的事便恶，是这个理。对的知道是对，错的知道是错，是这个理。敬是这个理，义也是这个理；内是这个理，外也是这个理。"

这段话反复说明心即是理的意义，说得十分明白直截，完全是孟子的义理。所谓天理，并不是一个客观外在的东西，而即是我们的本心，而仁、义、忠、恕及恻隐、羞恶、辞让、是非，都是本心的呈现，也都是天理的呈现。

"如果能够抛弃错误的习性，恢复自己的本心，使这光明的本心做生命的主宰，无论是在什么时候，在什么地方，不管是如何的仓促急迫，或颠连困顿的时候，都不要失去这主宰，那才能集义，才能积善，才能培养出浩然之气。能这样，便无愧于古人，圣人的言语，都是圣人先得我心，我本心呈现时，引用经典文句，才不致侮辱了圣人的言语。"

恢复本心，使本心做主，便是象山唯一的教法。明白本心之后，读书才能明理，才能受用。不然的话，本心未明而说东说西，征引经典，便是侮辱圣言。

"在各级学校中所讨论切磋的都是这心这理，又怎可以舍弃了这个而寻求别的呢？所谓格物致知，格是格这物，致是致这知，所以能使天下人都彰明自己本有的光明的德性。求学的人若果真能知道本末先后的次序而去用功，那便像有源头的水，会不断地壮大昌盛，又有什么能阻止得了的呢？若迷失了根本，舍本逐末，就是劳苦终身，也不明道理，只增加了虚浮的意见，用那些意见来教人，只会蒙蔽人的本性。"

象山说格物致知是开显本心良知，而不是程伊川及朱子的穷究事物的理而使此心明达的意思，象山是逆反着自觉此心此理，而程朱是向外穷理。

"学者的难得由来已久。并不是道远离了人，而是人远离了道。人心难免会受到蒙蔽，一日未能消除蒙蔽，人便一日陷溺在私欲意见之中。诸子百家都自命是圣贤，自以为自己所说的都是真理，但最后其实都不合于正道，这都是心中有了蒙蔽而不自觉，陷溺在私欲意见中而不自知。"

"颜渊的贤智，是孔子所常赞叹的，但孔子教诲颜渊为仁，却要他克服私心，实践礼义。以颜渊的贤智，当然不致有声色货利的私欲，也不是有过错，那是很细微的私意，颜子不肯安于有私意，极力去探求而不能自已，所以终于能实践克去己私，实践礼义。"

"至于子贡，也是孔门中聪敏过人的。孔子对他的教诲也很多，他也极尊信孔子的道，但孔子殁后，能传孔子的道只有曾子，而子贡却不能。可见私意私见蒙蔽人是很不容易觉察的。曾子以鲁钝得到，而子贡则因为颖悟而失去，这是最值得我们深思的。"

"在开始立志求学，以及和友朋切磋时，必会有自疑的征兆，到后来，必会克服己私。这是古人格物致知的真实功夫。若己私未能克服，又毫不自疑，而且就借这私意己见去判决是非，衡定可否，即使如子贡的颖悟，能凭着自己的聪明去臆测事情而常能猜中，但那只有增加孔子的忧虑而已，又何况明悟不及子贡的呢？"

这段话可以见出陆象山对人生命体会的深刻，对人心的易受蒙蔽，私意己见的难于摒除，实在有很真实的感受。这也可以见到象山教法的切实，一般人都以为象山只要人立大本，开发本心，强调本心人人皆有，而忽略人的现实生命的种种毛病；其实不是的，象山强调立大本，开显本心，是点出内圣之学的本质关键，指出本源。必须知这本源，知天理即本心，才有真正的圣贤之学，才有真正的为圣为贤的功夫。但要呈现这心这理，不断地保存、涵养，是要艰难砥砺的，人必须时刻切己反省，改过迁善，一念沉迷，己见己私便会马上蒙蔽本心，使自己陷在私见私欲中而不自知。能克去己私，虽是鲁钝的曾子，也能明道，不能克去己私，虽颖悟如子贡，也是没有办法的，象山这话，真是深切扼要。其实就是因为曾子稍微鲁钝，所以不肯自安，锲而不舍，于是便不断地克去己私，终于明道，而子贡则因明悟而自信，虽有己私己意也不能自知，于是他明悟的天资反而成了明道的障碍。

（五）

下面再引录陆象山的语录，象山的语录是宋儒语录中最警策高明，最能启发人的心志，鼓舞人的精神的。为了保留象山的说话语气，尽量少加改动。

"上是天，下是地，人居其间，须是做得人，方不枉了。"

"要当轩昂奋发，不要这样地沉埋在卑陋低下的地方。"

"此理在宇宙间，何尝有所碍？是你自己沉埋，自己蒙蔽，阴阴地在个陷阱中，再也不知道所谓高远。要决裂破陷阱，窥测破罗网。"

"宇宙不曾限隔人，人自限隔宇宙。"

"鼪鸡终日营营，无超然之意。须是一刀两断，何故萦萦（旋绕）？如此萦萦底，讨个什么？"

"大世界不享，却要占个小溪小径子，大人不做，却要为小儿态，可惜。"

"兴于诗，人的为学，贵于有所兴起。"

"志小，不可以语大人事。"

"仰首攀南斗，翻身倚北辰；举头天外望，无我这般人。"

按：南斗是南斗星，北辰是北斗星。以上各条都是要人开阔心胸，不要被物欲私心所局限。

"夫子曰：'吾十有五而志于学'，今千百年，没有一人有志。也是怪他不得，志个什么？须是有智识，然后有志愿。"

"人要有大志，常人汨没于声色富贵间，良心善性都蒙蔽了。今人如何便解有志，须先有智识方得。"

按：这里所谓智识，不是一般所说的知识，而是对本心有所自觉。

"凡欲为学，当先识义利公私之辨。今所学果为何事？人生天地间，为人自当尽人道。学者所以为学，学为人而已，非有为也。"

按：既是人，便要做一个真正的人，学只是学为人，便是学为圣贤的意思，这学为圣贤，本来是人人都应去做的，是人的本分，所以说非有为也，即不是故意去做别的什么，只是做自己该做的。

"今人略有些气焰的，多只是附物（靠物来充撑自己），若是我，则不识一个字，亦须还我堂堂地做个人。"

"大凡为学，须要有所立。《论语》说：'己欲立而立人。'（自己想立于道时，也希望使人能立于道。）卓然不被流俗的风尚意见所移动，才能有立。须思量天所给予我的是什么，还是要做人否？理会得这个明白，然后方可谓之学问。"

"自立自重，不可随人脚跟，学人言语。"

"人只患无志，有志，便没有做不成的。"

"学者须先立志，志既立，便要遇明师。"

按：以上说立志的重要。

"学者须是打叠田地净洁，然后令他奋发植立。若田地不净洁，则奋发植立不得。"

"人心有病，须是剥落，剥落得一番，即一番清明。"

"知非，则本心即恢复。"

"这道和溺于利欲之人说还易，与溺于意见之人说却难。"

"不曾过得私意一关，终难入德。"

"这道不是争竞务进的人所能知的，只有静退的人可以进入。学者不可以用心太紧，现在的学者，大多是好事，未必有切己之志。夫子说：古代的学者是为了自己真实受用而学，现在的学者则是为了夸耀于人而学。须自加省察。"

"或问先生之学当来自何处入，曰：不过切己反省，改过迁善。"

"人当先理会所以为人，深思痛省。"

"人精神在外，到死也劳攘（纷乱）。须收拾做主宰，收得精神在内时，当恻隐即恻隐，当羞恶即羞恶，谁欺得你？谁瞒得你？"

"道可以说是尊，可以说是重，可以说是明，可以说是大；人却不自重，才有一点恣纵，便是私欲，便与道全不相似。"

"道充塞于天地间，人却以自私之身和道不相入。人能退步自省，自然和道相入。"

按：以上说克去己私，收拾精神。能克去己私，本心便不受蒙蔽，自然沛然而出，当恻隐时便恻隐，当羞恶时便羞恶，一切时候都可自做主宰，不受外物所牵动。

"万物全都在自己方寸的心上，满心而发，充塞宇宙无不是这理。孟子就四端上来指示人，其实哪只是这四端而已？又就恻隐之心一端指示人，便可明白这昭然的心。只要能扩充这心便足够了。"

"道理只是眼前道理，虽是到圣人田地，亦只是眼前道理。"

按：道理只是当下这不安不忍的本心，扩充这当下的本心，便可充塞于天地，此心此理，万世皆同。

"近日向学的人多，这一方面固然可喜，另一方面亦可忧惧。人勇于为学，岂是不可喜？但这道本是日用常行，近来学者却把它当作一件特别事，虚张声势，名过其实，引起别人不平的心，所以受到排斥诋毁，这风气一旦长成，岂不可忧惧？"

"我看人，喜欢忠信诚笃，说话似不能出口的人；谈论风生的，别人都喜欢，我则非常厌恶。"

按：象山心即理的说法非常高明，易使人兴发，所以他的门下不免有些虚张声势，而无真实见地，这其实只是人不善学，不是象山之学必然会生出这些流弊。此心此理，只是日用常行，朴实之至。象山说：

"千虚不能博一实，吾平生学问无他，只是一实。"

"我的学问和其他人不同，只是在我全无杜撰（虚伪造作）。虽是说了千言万语，只是觉得没有添加一些字。近来有人批评我说：'除了先立乎其大者一句外，全无伎俩。'我听到后，说：'确是这样。'"

"我平生所说，未尝有一说。"

按：象山自信他自己所说的都是真真实实的，没有半点虚假的道理，所以那不是一个说法，也是没有说法。他是没有说法的。的确，本心天理并不是人造作出来的，那是自然的、必然的，人人都可反求而得的，这哪是一套可有可无的说法呢？所以他说自己的学问乃是实学。

"象山有一晚在月下漫行，喟然而叹，他的弟子包敏道随侍在旁，问：先生为什么叹息呢？象山说：朱元晦（朱子）泰山乔岳（学问品格都足以令人敬仰），可惜学不见道，枉费精神，便耽误了。敏道说：事已到这地步，不如各自著书，让天下后世人去判别抉择吧。象山忽然很严肃地大声说：敏道敏道，这般没长进，作这样的见解难道天地间有个朱元晦陆子静，便增加了一些子；没有了，便减得一些子？"

这里象山一方面充满了自信，认为自己所体会的便是天地间的正道，而这道是永恒存在的，并不因为人的了解或不了解而增加减少；另一方面，也充满了贤者间互相不能相知的哀感。

二十九、朱子门人

（一）蔡西山先生元定（1135—1198年）
（附子蔡渊、蔡沆及蔡沈）

　　蔡元定，字季通，学者称"西山先生"，建宁府建阳县（今属福建省）人。他的父亲名发，号牧堂老人，是一位很有学问的儒者，曾把《二程语录》、邵雍《皇极经世》、张载《正蒙》等书交给蔡元定，说：这是儒家的正统。蔡元定专心研读，很能了解各书中的义理。后来听到朱子的名声，他便往见，要拜朱子为师。朱子和他谈论之后，对他学问的广博专精十分惊讶，说："这是我的老友，不能当作弟子看待。"但虽如此，蔡元定还是自居于朱子门人之列。他只比朱子小五岁，又最得朱子的看重，所以各门人弟子对他最为尊敬，凡是来向朱子问学的人都会先向他请教，由他加以指点。朱子若有什么高深的见解，不能和其他弟子谈的，都会和蔡元定讨论。朱子每次和元定见面都要详谈好几日，常常因论学而整夜不睡。凡遇疑难的篇章，朱子都要蔡元定先加研究，然后自己再作折中。朱子曾说："别人就是读容易的书也感到困难，季通（元定）则是读难书也感到容易。"朱子格物致知、穷究事理的学说，虽是以把握道德的理为主，但也有很浓厚的纯粹认知的精神，而蔡元定最有这方面的兴趣，他精研数理（象数），又通天文、地理、军事、音律等。他在这些方面的成就，当时是无人能及的。当时大臣都纷纷推荐他做官，但他不肯出仕，到宋宁宗庆元初年，韩侂胄禁伪学，御史沈继祖说蔡元定辅助朱子散布伪学，要将他送到远方，由地方官加以管束，于是蔡元定便被贬道州（今湖南省永州市道县）。

当他起行去被贬的地方时，朱子及门人弟子共一百多人去为他送行，许多人因悲痛而流下眼泪，而蔡元定则神色不变，如同没事一般。朱子说："朋友们相爱之挚情，季通不沮丧的意志，两方的表现都恰当。"他带着儿子蔡沈一同到被贬的地方，共步行三千里，脚也走破流血。到湖南宁远时，附近很多人跟着他问学，有人劝他说："现在伪学之禁正盛，似乎不宜聚集学生讲学。"他说："他们是为求学而来，我又怎能忍心不接见呢？祸患要来时，就是闭门绝客也是不能避免的。"他写信告诫儿子说："独行不愧影，独寝不愧衾。（自己的行为光明正大，无愧于天地。）不要因为我的获罪被贬而懈怠泄气。"在他到达贬所不久，有一天，他对蔡沈说："现在可以谢绝客人了，我要安静地还归于造化。"三天后去世，享年六十四岁。

蔡元定共有三个儿子，长子渊，字伯静，号节斋，一方面承受家学，一方面和弟蔡沆及蔡沈一同问学于朱子。蔡渊对《易经》很有研究，著有《易象意言》。次子沆，子复之，号复斋。他精研《春秋》，著《春秋五论》《春秋大义》等书。小儿子沈，字仲默，学者称"九峰先生"。在蔡元定几位儿子中，以蔡沈最能继承元定的学问，也最得朱子的称赞。朱子晚年，对重要的经籍大都加以批注，只有《书经》未及作注，于是便嘱咐蔡沈完成它，蔡沈潜心研究十余年，然后写成《书集传》，这书不受传统注疏影响，很有独创的见解，对于《尚书》的义理阐发最多，从元到清的科举考试，都以蔡沈《书集传》为《尚书》的标准本，是六百年来士人必读的书，影响力非常大。蔡元定被贬时，蔡沈随行，走了几千里的路，父子两人日夕以学术义理探讨为乐，一点忧虑伤感都没有，由此可见他们修养之高。蔡元定不幸死于贬所后，蔡沈又徒步数千里护着棺柩返乡。当时他仅三十岁，便不肯再从事科举考试，而专心圣贤之学。蔡元定对象数之学很有研究，而蔡沈也能继承这方面的学问，写成《洪范皇极》一书，其中有说：

"智是使君子成德的，所以要知道，便不可以不知仁。要知仁，便不可以不知义。要知义，便不可以不知礼。要知礼，便不以不知数。数是礼的序（次序条理），知道序，便差不多了。"

蔡沈《书集传》序说：

"二帝（尧舜）三王（夏商周三代的贤明之王）的政治是从他们的道中出来的，他们的道则是从他们的心出来的；明白了他们的心，那他们的道及政也都可以明白了。精一执中（精察专一，把握中道），是尧舜禹相传的心法；建中建极（树立最合理的标准），是商汤周武相传的心法。所谓德、仁、敬、诚，说法虽不同，无非是说明这心的妙用。至于说天，则是为要敬畏心的根源；说民，则是为要谨慎心的施行。礼乐教化，是心的法度；典章文物，是心的形著；齐家治国平天下，则是这心的推广。心之德，真是丰盛极了。二帝三王，是能够保存这心的；夏桀商纣，是丧失了这心的。保存这心便会有理想的政治，丧失了这心便会乱亡。所以后世有志于二帝三王政治的帝王，便不可以不探究他们的道；有志于探究他们的道的，便不可以不探究他们的心。能供人探究二帝二王的心的书，除了《书经》外，又哪有其他的呢？"

蔡沈这段话，十分切当，所以他的《书集传》，是被公认为最能阐发二帝三王的用心的。

（二）黄勉斋先生干（1152—1221年）

黄干，字直卿，福州闽县（今福建福州）人，学者称"勉斋先生"。他的父亲黄瑀是监察御史，品格正直高尚。父亲殁后，他拜刘清之为老师。刘清之是当时名儒，和朱子相熟，他见黄干器识远大，便要他到朱子处问学。黄干自从见了朱子之后，勤奋读书，夜以继日。他房中并没有床铺，读书读倦了，便靠着墙稍作休息。朱子曾对人说："直卿志气坚决，思考精审，和他相处，十分有益。"后来更把女儿嫁给他。他追随朱子很久，在朱子众多的门人中，被认为是最能得到朱子的真传的。朱子对他的期望也最大，临终曾作书和他诀别，希望他能继承己志，发扬儒学。朱子卒后，勉斋便努力传扬朱子的学问。当时他的同门中有许多人对朱子的学说有所误解，他都一一辩明，不稍恕宥，这对于朱子学问的发扬是有很大功劳的。他曾著有《圣贤道统传授总叙说》，以尧、舜、禹、汤、文、武、周公、孔子、颜回、曾子、子思、孟子、周濂溪、程明道、程伊川及朱子为道统传人。文章的最后并以"居敬以立其本，穷理以致其知，克己以灭其私，存诚以致其实"四句综括朱子学问的大纲领，以为千圣万贤传道教人不出这四句，他对朱子学问的推崇可谓极致。他虽然是这样推尊朱子的学说，但并不是盲从附和，绝对服从，对于朱子的一些看法见解，他也提出修正意见。对于反对朱子最为厉害的陆象山，他也不像后来的朱子门人盲目地诋毁，在黄干在世的时候，朱陆门人的争执并不严重。

黄干曾任安庆（在今安徽省）知府，当时金人兵破光山（今河南光山县），安庆地方的人都十分惊恐，于是他便建设郡城，准备作战和守备的事情，后来金兵大举南侵，淮东淮西各地都震恐不安，只有安庆安稳如常。安庆地方上的百姓都非常感激黄干，说黄干是他们的再生父母。可见黄干并非是只会谈论心性的书生。其实宋代的大儒都很有治事的才干，只是大多不能发挥所长而已。黄干后来曾写信给李珏（时任制置使，管理边境军队），说边境军备废弛，十分危险，最好立刻明保伍，立堡寨，制军器，但李珏不听，不久光州、黄州果然相继失守。后来黄干见自己意见不受重视，便辞职返乡，专心教导弟子，著有《勉斋文集》及《经解》，卒年七十。下面摘录他的论学要语：

"道在天地间，是有体有用，既是一本，又是万殊的。万物都以太极为体，这是一本。而物物各有其性，那便是万殊；所以我们一方面要尊德性以存这心，以明一本的体，另一方面也要道问学，穷究事物的理，以明分殊的用，由此可知，圣贤的言语都是互相发扬的，所说的只是同一义理的不同面。"

"致知是入道的方法。但致知并不是容易的事，须要默识实体才可以。不然的话，只讲说文字，而不见实体，言说便常有差失。不如集中在自身上体会，以见义理而有所统会，不致支离外驰。"

"人如果不知义理，便和禽兽没有分别，一生便在情欲利害中打滚，甚至毁弃伦理纲常，无所不至。"

从这几段看起来，勉斋似乎是希望以朱子之学来概括象山，兼取象山的长处，这用意是很好的，也可见勉斋有强干独立的气度。

（三）陈北溪先生淳 (1153 — 1217 年)

陈淳，字安卿，漳州龙溪 (今福建省漳州市龙海区) 人，少习举子业，得林宗臣的指点，有志于学。后朱子在漳州任职，陈淳往见，朱子教训他："凡看义理，必穷究它的根源。"陈淳于是更加专心于学问。朱子也对他很看重，对人说："这次来到南方，得到一个可以明道的陈淳，真是值得高兴。"但不久朱子便离开漳州。陈淳第二次见朱子时，已在十年之后。这时朱子已七十岁，正卧病在床，对陈淳说："你现在所学，已见到本原，只是还欠缺下学的功夫。"这次陈淳逗留了三个月，朱子对他谆谆训诲，所说的都是切要的话。不久朱子卒，陈淳追思师训，痛自发愤，经过长期努力，终有所得。他很受地方上的官民敬重，曾在州郡学校中讲学。他很忠于朱子学说，但门户之见太强，对于陆象山的学说大肆攻击，后来朱陆两派后学便互相攻击，如同水火般不兼容，从这点上来看，陈淳是比不上黄干的。

在陈淳第二次见朱子时，朱子劝他在下学中用工夫，不要凭空说一个天理，他对这很有体会，他说：

"道理本无玄妙，只在于日用人事间，若循序用功，便会对道有所了解。所谓下学而上达，须是下学的功夫做够了，才可从事于上达。天地之间事情物理是何等的多，须拓宽心胸，明白万理。这心的量极大，没有一理一物不能被心所包容，所以古人常说学必要博，孔子说学不厌，便是要尽这心无穷的量。"

"读圣贤书，不必过分用心去探索玄妙高深的道理。只要在人事日用间，一一去体会圣贤言语便可。若能见到圣贤说话都是真确而不可改变的，都是我应做的事情；虽处在艰难险阻中，心情也能从容和乐，一点不受环境影响，那么其中便自然有所谓玄妙的道理在。而这只能自己体会，别人是不能了解的。"

这些话都说得很平实，都是朱子的意思，但不能借口平实便不谈天道，不说觉悟，而只在伦常日用、书册文字上用功。道德实践的功夫最重要的是开显本心，而不是穷理格物，若只从穷理格物入手，终不能免象山所说的"支离"的毛病。

"圣门用功的节目程序，大要不过是致知力行而已。致是推而至其极的意思。推致人的心知，是要明白万理，而没有一点疑惑。力是要勉力去做，不敢懈怠。力行即是要把一切的善恢复在自己身上，而毫无遗漏。若知不能到极处，便不能分辨是非，那在实行时便会无所适从，而误认私欲为天理。若实行不力，则虽说明悟天理，亦只是空言，对自己毫无用处。但致知力行这两件事，亦不是可以截然分开的，若愈能知，便愈能行，实行得愈切实，而所知亦会愈精。在致知力行时，要以敬为主。敬是专一集中，是圣贤贯彻动静终始的功夫。能以敬涵养，心便清明，那由此而致知，即心和理便相涵相合，而不会冥顽不明道理，由此而力行，则身便和事相安，不会有扞格不通的毛病了。"

这段很能把握朱子格物致知、以敬涵养的宗旨。

"圣门功夫，是有先后次序的，并不如佛教般，说一下子便可以明白道理，须下学才可以上达，要格物致知后行为才能恰到好处。陆学（象山之学）厌繁就简，忽略下学，而好高骛远，表面上说是圣人的道理，其实是窃取了佛教的说法。"

这是说陆象山的学说表面是儒家，其实是佛学，这其实是很大的误解。从朱子开始，便说象山是禅学，这种说法一直流行了几百年，实在是很没有道理的。

三十、象山门人

（一）杨慈湖先生简（1141—1226年）

杨简，字敬仲，慈溪（今浙江宁波市江北区慈城镇）人，学者称"慈湖先生"。宋孝宗乾道五年（1169年）时进士，任富阳（在浙江省）主簿，他曾反观自证，觉天地万物通为一体，并非自己心外的事。他在临安（南宋首都，即现在的杭州）曾向陆象山请教过，但未拜象山为师。后象山到富阳，在双明阁聚谈，当时象山几次提到"本心"一词，杨简便问："什么是本心？"象山答："恻隐是仁之端，羞恶是义之端，辞让是礼之端，是非是智之端。"杨简说："这几句我在小孩子的时候已经晓得了，究竟什么是本心？"问了象山几次，象山都是以前面的话回答，毫无改变，杨简也一直不明白。后来有一个卖扇的人到杨简处投诉，杨简裁定了是非曲直之后，再问象山什么是本心，象山说："刚才你裁决那卖扇者的诉讼时，对的知道是对，不对的亦知道是不对，这便是敬仲（杨简字）的本心。"杨简听到，心中一下子便清楚明白了，再问："就只是这样而已吗？"象山大声答道："还会有什么呢！"杨简当晚端坐想了一夜，觉这心无所不通，第二日清早便拜象山为师。象山对人说："敬仲真可说是一日千里。"杨简曾任国子博士，因宰相赵汝愚被贬事上奏章争论，罢职。后任著作郎，曾面奏宋宁宗说："陛下自信这心便是大道了吗？"宁宗说："是的。"杨简问："日用如何？"宁宗说："只是学定（定心）而已。"杨简说："定是不用学的，只要不起意，便自然静定，而是非对错亦自然分明。"不久，又对宁宗说："陛下是否已意念不起，心中如同太虚一般，广大光明呢？"宁宗说："是的。"杨简问："是非善恶，是否已清晰明白？"宁宗答："我已全部明白。"杨简叩头，为天下庆幸。杨简后来被派到温州任地方首长，他为政宽简，常根据民意以升降官吏，又以德化民，百姓都悦服。后回朝任职，卒年八十六，重要著作有《杨氏易传》及《己易》。

杨慈湖的品格高洁，行为端正，甚得当时人的称颂，就是竭力反对象山之学的陈淳，也说他持循笃（持守严谨）。他平生未曾写过一个潦草的字，虽是处身闺房，也毕恭毕敬。在暗室，如同面对上帝般，虽然年纪已到七八十岁，仍是兢兢敬谨，不会有一点放松随便，可见他律己的严格。

他的学问见解都是本于象山，他对宁宗所说的"不起意"，可以说是他学问的宗旨。所谓不起意，即不起私心私意。本心便即是道，只要不被私意蒙蔽便可。他说：

"人心自明，人心自灵，稍微起意，便有私意执着。一有私意执著，心中的灵明便会被蒙蔽。圣人教人，并不是把道交给人，而只是消去人的蒙蔽而已。如太虚本是清明的，因为有云气，所以便不清明了，去了云气，便清明了。清明的性，人人本有，是不用到外面寻找的。什么是意呢？稍微要起，是意，稍微要止，亦是意。意的形态数之不尽，有利有害，有是有非，有进有退，有虚有实……那意和心有什么分别呢？纯一的是心，分歧的是意，直的是心，支的是意，通的是心，阻的是意。"

杨慈湖这"不起意"的说法，并不是在私欲私意形成时才克去它，而是要在私念私意将起的时候断绝它，使私意不起。这样自然便不用克了，这功夫是很深微的。私意不起，便完全是本心的呈现，本心不受私意所蔽，便有无穷尽的作用，一切道德行为都由这而出，且与万物合为一体，天道的造化，万物的生生，都不外这心的作用，慈湖说：

"这心的神，无所不通，这心的明，无所不照，如明镜般，不用致察，自然美恶分明，精粗自辨。心中本无美恶精粗，但自然能照见美恶精粗；心中本无是非利害，但自然明白是非利害，可见这心的神妙。又哪是那些勉强思索，虽费尽一生的力量，亦茫然无所知的人所知道的呢？"

这段说明本心是不学而知、不学而能的。我们要知道，本心的不学而知、不学而能，只是知道道德上的是非善恶，而不是知道一切的知识，道德上的知和知识上的知要区分清楚，这即是德性之知与闻见之知的分别。朱子的格物致知说，是以知识来讲道德，那便不切当，不相干。因此慈湖要强调本心的自然灵明，只要本心呈现，不起念，自然知善恶是非。若你绕出去用思想，不管你想的是什么，都会蒙蔽本心的灵明。由上述可知慈湖的确能把握象山学说的要点。

（二）袁絜斋先生燮 (1144—1224年)
（附袁甫、舒璘、沈焕）

袁燮，字和叔，学者称"絜斋先生"。他自小端粹专静，后入太学读书，当时陆九龄（复斋）在太学任职，袁燮见到复斋容貌庄敬肃穆，便常常向他请教。后来在都城见到象山，因象山讲学即指本心，明白通贯，袁燮便拜象山为师，此后精思力践，遇到有未懂的，从不敢轻易放过，这样思索体会了很久，一天豁然开悟，说："以心来求道，会感到有千差万别；其实整个便是我的道，道并不在外面。"这便是"心即理"的意思。后来他任国子祭酒，常教学生回到自己生命上作切实的反省，常说人心和天地是一样的高明广大，只要精切地反省思考，便可了解；谨慎地保守着，便和天地相似。听过他教训的人都能警觉，有得于心。太学的士气也因而高涨。后袁燮调任礼部侍郎，因反对和金人签订和约，罢职，之后又任温州知州。他晚年退休在家著述，临终前仍不肯歇息，门人劝他稍休，他说："我觉得这是最快乐的事，丝毫没有劳苦之感。"卒年八十一岁。

袁絜斋和杨慈湖二人同门，学问造诣亦同，而两人又同享高寿，所以都能发扬象山之学，在当时有很大的影响力，但慈湖才气较大，议论奔放，而絜斋则立论谨笃，不显精彩。今摘录他的论学语如下：

"人生天地间，所以超然而贵于万物，是因为人有心的缘故。心是人的大本。这心若能保存，虽然是地位卑贱的人，亦是值得人尊敬的；若丧失了这心，虽是地位尊贵的人，亦是最可鄙视的。"

"道并不远离人，本心便即是道；既知道是这样的，依循着去行便可以了。但若心未能纯一，则心和道便还有距离，若全体浑融，一点距离间隔都没有，那便是最完善的境界了。孔子说：吾道一以贯之，并不是我用一来贯串，而是顺着本性而行。若是依循着外在的法则，着力的要符合它，那么心和仁义仍是两样东西，而不能是一。"

"人的心是最神妙的，但若有私欲遮蔽，便不能神妙了。"

"凡是身外之物，少去追求，便容易满足，但人这身与天地并立，是最广大高明的，是我固有的。所以人不能有一时一刻懈怠，一定要追效古人，而到圣贤地步，不可以安于卑陋。若自己只是一个凡庸的人，而安心满足，自认也算是一个人，这便不对了。"

袁燮的儿子袁甫也是当时的著名儒者，字广微，号蒙斋，官至兵部尚书。他除继承父亲的学问外，又从慈湖问学，曾说："学者当以圣人为师，以自得为贵。"又说："看到草木的滋长，禽鸟的鸣叫，便感到和自己的心相合，有着无限的快乐。"他著有《蒙斋中庸讲义》，所说的都是象山的宗旨。

当时浙江东部的陆氏门人，还有舒璘及沈焕较为著名，他们和杨简、袁燮合称"甬上四先生"。

舒璘，字符质，浙江奉化人，学者称"广平先生"，初时问学于朱子及吕祖谦，后和兄弟一同受业于象山，他的兄弟都有所省悟，他说："我是不能够一下子便明道的，只有朝夕用心，刻苦自砺，改过从善，希望做到没有大的过失的地步。"可见他用功的切实。后任徽州（属安徽省）教授，他教学生不辞劳苦，虽是寒冬炎夏，也未有一日休息，有资质顽钝的，便循循善诱，从未疾言厉色来对待。徽州本来学风败坏很久，经过舒璘的努力，学风大变。当时人称赞他是"天下第一教官"。袁絜斋说舒璘平生所说的言语，都是由本心流出，未曾见他说过一句虚妄的话。他的学问以切己反省，笃实不欺，存有本心为主，曾说："成就外物的方法，是在自己身上用功。自己意念若是至诚无亏欠，精神必可通于外物。意念不诚，那一切圣贤言语都成虚说。所以为己之学，是不能有丝毫亏损的。"又说："本原明白了之后，一切都从这本原流出，不论修身齐家，处事读书，都能恰当。"

沈焕，字叔晦，武康（今浙江德清县）人，学者称"定川先生"。他是象山的哥哥陆九龄的弟子，未曾及于象山之门。他为人刚正不阿，为小人所忌，因此一生仕途不得意，终于贫病而卒。他和袁絜斋是至交好友，絜斋早年读书务求博览，日夜劳苦，沈焕劝他："我们儒者的学问在于培植根本，不会随意耗费精神。"于是袁燮专意于培养根本。沈焕的著作失传，只有零星语录，其中有说："学者功夫当从闺门开始，现在有些人一下子便得到美名，但随即便湮没无闻，都是因为学无根本，不曾在闺房下功夫。所以说，若功夫不实，而说自己已明道，实在是自欺。"平常人在家居时，都会比较闲散，若是在闺房内室，更会随便放肆，以为这是当然。其实若不敬于闺房，而在众人面前能拘谨守礼，亦只是自欺，生命的妄根始终存在着。沈焕这个反省是很切要的。

（三）槐堂诸儒

槐堂是象山家居讲学的地方，所以槐堂是象山学派的代称，原本《宋元学案》把象山门人六十一人（杨简等"甬上四先生"除外）合列于《槐堂学案》中，其中以傅梦泉、邓约礼、黄叔丰、傅子云较为著名。

傅梦泉，字子渊，建昌南城（今属江西省）人，学者称"曾潭先生"。他为人机警敏悟，疏通洞达。他曾自说少时只知道读书考科举，后友人陈正己自象山处回来，说及象山辨志的宗旨，才有所醒觉。一天他读《孟子·公孙丑》，忽然心与义理相应，豁然明白，但尚未知如何下功夫，及见象山，然后尽知入德的方法。他曾对人说："陆先生教人辨志，只在义利上分辨。人生天地间，自有卓然不可磨灭的在，如果能于此涵养，于此扩充，良心善端，便充塞于宇宙古今。"象山曾说在众多弟子中，以傅梦泉为第一。他在孝宗淳熙二年（1175年）中进士后，分教衡阳，士人归入他的门下的很多。当时陈止斋（傅良）也在当地任官，傅梦泉和他讲学，止斋深为佩服。象山在死前数日，见到从衡阳传来的傅梦泉与周平园论道五书，赞叹说："子渊擒龙打凤手也。"后为宁都（在江西省）知县，宁都当时号称难治理，傅梦泉上任不到一年，风俗大变，当时人说他有西汉循吏（奉法循理的官吏）的风格。

邓约礼，字文范，盱江（今属江西省）人。他很早便从学于象山，在槐堂中称"斋长"，象山常要初来求见的人先到邓约礼处问学。后他中进士，任温州教授，和叶水心论学，甚为相得。他很友爱兄弟，曾说："我虽得到一官半职，但只能稍微济助兄弟的贫困而已。"象山曾说梦泉宏大，约礼细密，学者称他为"直斋先生"。

黄叔丰，字符吉，是象山哥哥陆九叙的女婿。他在象山门下很久，象山论门下弟子，以傅子渊为第一，其次为邓文范，再次便是黄叔丰。他很善于学习，但并不常发问，每诱导其他学生向象山发问，自己则在旁听着。象山到荆门任职时，他跟随前往，记录了象山的答问语，成为《荆州日录》。当时陈止斋在衡阳和傅梦泉论学，虽然颇为佩服，但未深信。刚好黄叔丰从荆门到衡阳，陈止斋和叔丰讨论后，才深深信服。象山曾说："元吉相从十五年，最得我锻炼之力。当初数年他的毛病在于逐外，中间数年转入意见的窠窟（洞穴），前几年则转入安乐窠窟。近来痛加锻炼，才能直立无依傍。"由此可见象山的善于造就学生。当时的象山门人严松以为元吉之学，应在傅子渊之上。

傅子云，字季鲁，号琴山，金溪（今属江西省）人。他在十五岁时，便拜象山为师，象山要他先从邓文范学习，后才成为正式弟子。象山在象山精舍讲学时，各学生按年龄大小依次而坐，傅子云因年纪最小，排在最后。象山每讲到得意的地方，便看看傅子云，说："不是很痛快吗！"曾在座旁另设一座席，有时候要傅子云代讲，当时的门人都觉得他年纪太轻，恐怕不能胜任，象山说："季鲁（子云字）是一位英才呀！"后来象山要到荆门任职，便命傅子云住在象山精舍，临别时执着他的手嘱咐说："书院的事情便交托给你了，你要为我继续下去。"后参加进士考试的殿试（由皇帝主试），当时丞相葛期希望他能中首选（状元），但结果不成，他说："考场的得失，并不就能决定人一生的穷或达；人一生的穷或达，亦未必表示那人的贤或不贤。"当时人都认为他这些话说得很对。后任瓯宁（今福建建瓯）主簿，当他判决诉讼时，必引证经义，当时人都无不心服。到宋理宗绍定四年（1231年）时，袁甫在江西建象山书院，传扬象山之学。当时象山已卒三十九年，各著名的象山弟子已先后去世，只剩下当年这年纪最少的傅子云在，为学者宗仰。

三十一、魏鹤山、真西山

（一）魏鹤山先生了翁（1178—1237年）

魏了翁，字华父，邛州蒲江（今属四川省）人。宋宁宗庆元五年（1199年）中进士，任剑南西川（今四川成都）节度判官，在四川任职十七年，然后入朝廷，任职至礼部尚书。他和朱子的弟子辅广和李燔相交为友，因而得知朱子之学，于是在白鹤山（在四川省）筑室教授学生，来问学的人非常多，于是四川百姓普遍知道义理之学。学者称他为"鹤山先生"。他未曾见过朱子，只和朱子弟子相交，而他的学问宗旨则以朱子之学为依归，故可算是朱子学派中的一人。而他的学问见解，比之朱子的嫡传弟子，过之而无不及。现摘录他的论学精语于后：

"圣人的心，如同天地的运行，纯一而不止息；亦如河川上的流水，不分昼夜地流。虽然圣人亦不免会血气衰退，但他才壮志坚，心志始终不会改变，不会因为年老体衰便怠惰了，亦不会因不能行道而悲观丧气。而一般文学之士习惯于虚骄恃气，当他们精壮气盛时，所写的文章很有光彩，人亦很有志气，为世人所看重；但一旦年老体衰，不但文辞卑弱，大不如前，而早年的志气亦全部泯灭，成为猥琐退缩的人。这都是没有志作为根基，没有学问以培养人格的缘故。所以只恃着美好的天资，记诵得来的学问，以及壮年的盛气，而无真切的功夫，是一定不能长久的。

才资从气处来，而气则禀受于志，志必有学才能立。"

"人所禀受到的气质有刚有柔，有好有不好，而人的性格遭遇、贫富贵贱，常因他的气质而决定，而气质则是天生的，不是人力所能改变的；这样一来，为学的人不是没有用力的地方吗？不是的。人能守志而立大本，则真生命便可生生不穷，而可以变化气质，则不论是何种气质的人都可成圣成贤。"

"天地是无限而不可量的，古今亦是无穷而不可度的，而人以区区七尺的形体，一点点大的心，而站立在无穷的天地古今中，最多只有百年的寿命。但虽是百代以上那么久远的二帝三王的事，只要人用心思索考究，便如同回到古代，和圣王面对面地交谈，亲眼看到他们的行事。鬼神是不能测度的，但人在祭祀时只要心存诚敬，便可通于幽冥。万世之后，是人所不能知的，但人的精神却可保存在著作中，传诸久远。可见人心的光明可和日月相比，人心是神明所住的地方，是有无穷尽的不测妙用的。"

由上面的议论看，魏鹤山虽说是私淑于朱子，但他的学问并不为朱子的见解所局限。他又说：

"往日多看先儒的经典解说，现在觉得不如自己亲自从圣经中一一体会。因若不是自己亲自经历过一番，终是见得不真切。我不想在卖花郎的担上看桃李，须是在树头枝底下看到的桃李，才见得活精神。"

凡义理都是要自家体会，不能只看经过别人消化的东西。当时朱子的权威地位已经形成，一般士人看经书都只看朱子的批注本，对朱子讲法全盘接受，不肯自己思考，于是大多奄奄无生气。魏鹤山这"要见活精神"的说法，很值得我们留意，警惕。

（二）真西山先生德秀（1178－1235年）

真德秀，字景元，福建浦城人。他和魏鹤山同年而生，又同年中进士，也同为当时士人所尊崇。他任官至礼部侍郎，后被权臣史弥远排斥罢职，到宋理宗绍定五年（1232年）起用为户部尚书，后改翰林学士，不久得病卒，享年五十八岁。学者称他为"西山先生"。真西山在朝任官不到十年，但他所写的奏疏共有数十万字。他的声誉很高，各地的文士读到他的文章都很渴望能见他一面。而且他为官时治绩优良，于是朝野的人都纷纷赞誉他，所到之处，常常塞满了要观看他的人群。因此他更为当时的宰相所忌，而借故不用他，不让他施展抱负。自从韩侂胄实行党禁之后，当代大儒的著作都被禁，而真西山比较后出，他以复兴圣贤之学为己任，讲论儒学，身体力行。党禁解除了以后，宋儒之学便更为当时及后世人所了解，在这方面真西山的贡献很大，所以西山在当时有着崇高的学术地位。

西山的学问见解亦宗于朱子，但和魏鹤山不同，鹤山虽宗朱子，但奋然自立，不受朱子所限，而真西山则差不多是墨守朱子的讲法，没有什么不同的意见，但虽如此，他对朱子学问的了解则是很正确的，这从下面的言论中可以见到：

"器是有形的物，道则是无形的理。凡天下的存在物，有形有象的都是器，而理便在器中。天地万物都是器，而亦都有理。天下未尝有没有理的器，或没有器的理。就器而研究，便可以知理。如从天地处，便可以知健顺的理（天健地顺）。从人的形体活动处，便可知性情之理。因此若舍弃器而求理，便一定陷入虚妄中，而不是儒家的实学。所以大学教人格物致知，即物而求理，使学者有真实用力的地方，不致用心于虚无不实的境地。"

"程子说：'涵养须用敬，进学在致知。'因穷理是要靠心去做，所以必须以敬来持守，使心有所主，而没有私意邪念的干扰，然后才可以穷理。心既有所主了，又须事事物物各穷其理，然后才能尽心的功用。如想穷理而不用敬来持心，则必会思虑纷纭，精神昏乱，而不能明义理。知以敬持心，而若不知穷理，则这心虽清明虚静，但只是个空荡荡的东西，而没有义理在其中，那在日用应接时，便不能恰当而无差错了。所以必须用敬涵养，而又要博学穷理以致知，于是在清明虚静的心中具备众理。静时便有湛然寂然的未发之中，动时便皆恰到好处而有中节之和，天下义理功夫，没有比这个更好的了。"

"曾子平日学问，都逐一地用功。从小处逐件逐件做起，积累久了，便豁然贯通。孔子便以'吾道一以贯之'来告诉他，由此我们便可以知道他从前所做的种种好的行为，只是一理。在积累时，件件着力，到这时，便如米已煮熟，酒已酿好，不须再用一点力量。"

由上数段可见西山确是笃守朱子的讲法，很少有自己独特的见解。当时真西山和魏鹤山齐名，一般人都认为他们的学问人格都不分高下，但后来的人认为真西山只是墨守朱学，不及魏鹤山的卓越。

三十二、元代诸儒

（一）赵江汉先生复 (约 1185 —约 1265 年)

赵复，字仁甫，德安（今湖北安陆）人。宋代末年，元兵攻宋，攻陷德安，屠城（元军若在进攻时遇到抵抗，攻陷时便作此举），当时姚枢（见后）也在元军中，他救活了一批儒、道、佛三教的人及医生、术士等，赵复也在其中，故得以不死。姚枢见到赵复，谈论之后，非常佩服，但赵复见国土被攻陷，全县百姓被杀，痛不欲生，于是趁着月夜逃出，要投水自尽。幸好姚枢发觉，马上追来，当时一路上都是尸体，而赵复便在尸体间，脱了鞋，散着发，仰天痛哭，正要投水。姚枢立刻把他拉住，千百般劝解，才使赵复打消了自杀的念头，随着元兵到了中国北方。赵复在北方，便把所学教给学生，有一百多人向他问学。当时蒙古和南宋还在交战状态，而北方又早被金人及蒙古占领，所以华北的读书人并不能读到宋代儒者的著作，现在因为赵复的到来，北方士人才知道有这方面的学问。姚枢建造了一所太极书院，请赵复在其中讲授周、张、二程及朱子之学，元初中国北方的儒者，如姚枢、许衡、刘因等人，都是因为赵复才得读宋代大儒的著作，所以赵复对学术的传播功劳很大。因为他常怀念故国，所以学者称他为"江汉先生"。元世祖忽必烈曾召见他，说："我要攻打南宋，你做向导好吗？"赵复说："宋是我的父母之国，哪有引领别人的兵攻打自己父母的呢？"元世祖见他忠义，也不勉强。

（二）姚雪斋先生枢（1201－1278年）

姚枢，字公茂，号雪斋，柳城（今辽宁朝阳，一说广西柳州）人。他自小便好读书。河南在北宋亡后被金人占领，后来蒙元灭金，便入蒙元版图。姚枢后随杨惟中（当时任职蒙元中书）攻打南宋，把赵复带到河北。后姚枢辞去官职，隐居在苏门山（在河南辉县市）下，终日读书鼓琴。当时许衡来探访他，才在那里读到程朱等儒书。不久元世祖召姚枢往见，问治国平天下的原则，姚枢提出八点，即修身、力学、尊贤、亲亲、畏天、爱民、好善、远佞。后姚枢随世祖出征，常劝世祖少杀人，官至翰林学士承旨，卒年七十八。

（三）许鲁斋先生衡（1209－1281年）

许衡，字仲平，怀州河内（今河南沁阳）人，学者称"鲁斋先生"。七岁入学读书，曾问他的老师："读书是为了什么呢？"老师答："是为了考取功名。"许衡说："只是为了这个吗？"由此可见他的颖悟。每读书，许衡便能明白书中意旨，他的老师因常被他问倒，便辞去不教他了，前后共换了三位老师。他这三位老师后来都因战乱遇害，也都没有后裔，许衡每年都设他们的灵位来拜祭，至死为止，可见他的不忘本。当时蒙古正和金人激烈交战，宋又出兵伐金，所以战火处处，民不聊生，但许衡仍力学不倦。当时他家贫，没有什么书籍，但一见到经籍，便苦读精思，于是渐有心得。

有一次在夏天赶路，路旁有一棵梨树，同行的人都争着摘梨吃，许衡却端坐树下，人问他为什么不摘梨吃，他说："这梨树不是我的，我不能吃。"那人说："这梨树是没有主人的呀！"他说："梨树虽没有主人，但我的心有主呀！"人见他很有德行，便渐渐跟从他读书。后来他到姚枢处，读到程朱遗书，便回去对学生说："我往日教你们的，都教错了，现在才知道读书进学的程序，如果你们还愿意跟着我的话，便要把以前所学的全部忘掉，现在重新开始。"他的学生都纷纷答应，于是便先讲习进退出入的礼节，学生们都能谨守，客人见到后都很感动。后来元世祖知道他有德有学，便召他到京城任国子祭酒（国子监的首长），许衡于是到北方任职。当他路过河北时，见到当时另一著名儒者刘因，刘因问他："元帝一召，你便去任职，不是太快了吗？"许衡答："不这样，道便不能行了。"可见他的出仕是为了使儒学复兴，是不得已的。他以后历任元朝官职，除在国子监教授学生外，还曾改革历法，很有贡献，卒年七十三。自许衡在北方任官后，儒学在北方才逐渐兴盛，所以在学术文化的保存及传播上，许衡是功不可没的。但他的出仕元朝，颇受到当时人的批评，可见人生当乱世，做人实在困难。他说：

"纲常是不能亡的，若在上位者不能提倡伦常之道，那便只有靠在下位的人来维护提倡了。"可见他是以在乱世中维护人生正道为己任的。

因为他为了行道而不得已出仕元朝，所以对于时势环境对人的影响，所谓"命"的限制，有很深的体认，他说：

"凡事理之间有两件，有可以由自己做主的，有不可以由自己做主的，自己可以做主的是义，自己不可以做主的，则是命。"

按：人为圣为贤，只要肯去做，是一定可以做到的，但你要求富贵，建功立业，或希望把道实现在世间上，便不一定能做到了，因为那是受到客观环境的限制的，所以人可以尽自己的力量去做应做的事，那是人的义，但能不能达成目的，那便不一定了。但虽如此，我们仍当尽义，许衡说：

"人在天地间过活，须放大心胸，不可被气质及环境所局限，在贫贱忧戚时，不可丧气。在富贵安乐时，不可骄奢。须知道，自古以来，已不知多少圣贤亦曾居于高位，享富贵；亦不知多少志士仁人，虽居于贫贱，仍不减平生志气。所以人无论处身何种情况，都要自得。"

关于日用持守的功夫，许衡也有许多精语，如：

"凡事要一一省察，不可被外物牵引去了，虽是处身在千万人中，亦常要自觉到有自己，这是持敬的大要。"

这便是所谓心中有主，无论在什么时候，什么环境，都要谨守自己，不要被外物牵引。

"在日用间如果不常自己提醒，怠惰的心便容易生出来，怠惰之心一生，那不但会一无所成，而且更会放肆为恶。"

"用人时要懂得人的长处，教人时要知道人的短处。"

许鲁斋在临终时告诉他儿子说：

"我平生为虚名所累，竟不能辞官，死后不可请谥（请朝廷封谥号），只写作许某之墓，使子孙知道地方便可以了。"

从这段话可见他的沉痛。

（四）刘静修先生因（1249—1293年）

刘因，字梦吉，雄州容城（今河北容城）人，学者称"静修先生"。他早年跟砚弥坚研究章句训诂（对古典经籍用当代的语言加以解释的学问），常叹说："圣人经典中的精义，恐怕不只是这些。"后来在赵江汉先生处得到宋儒的著作，便说："我早就知道应该有这种义理。"元世祖曾一再召他任官职，他只去了京城一次，没几天就辞职回乡，再也不肯出仕，世祖说："他就是古人所说的以道自尊，不肯接受君王的诏命的人吧。"有人问他为什么总是不肯出仕，他说："不这样，道便不尊。"这可与许衡说的 "不这样（出仕），道便不能行"相比较。刘因卒时，年只四十五岁，因为死得太早，在推广儒学上他的贡献及不上许衡，但他的守节不仕元，则为后世士人树立了一个良好的典范。

（五）吴草庐先生澄（1249—1333年）

吴澄，字幼清，抚州崇仁（今江西崇仁）人。他二十岁时参加乡试，中选，但进士试则落第。不久南宋亡。吴澄被征入京城，但住了不久便以母亲年老辞归。后吴澄任国子监司业（国子监的副首长），曾对学生说："朱子主张道问学（讲求学问），而陆象山则以尊德性为主；学问不本于德性，那便一定流于只求讲解文字，无关于义理，所以学者必须要以德性为主。"当时北方士人都尊崇许衡之学，而许衡则以朱子为宗。现在听吴澄这样说，便都认为他是主张陆象山之学的，和许衡的主张不同。但北方士人其实并不知朱陆的分别究竟在哪里。其后吴澄任职几次，但都辞职返乡，可见他是不愿出仕的。他卒时年八十五。他的居所由几间草屋构成，名叫"草庐"，所以学者称他为"草庐先生"。

吴草庐是元代儒者中学问著述最有成就的一位，他所著的《五经纂言》，后世认为价值可以直追朱子的著作，并非朱子各弟子所能。他又有心调和朱陆，兼取两家的长处，并不似朱陆二子之后，许多宗朱及宗陆的人，只知争意气门派，而不知谈义理。他曾说：

"朱陆两位先生的学问宗旨，其实是一样的，但是两家的庸劣门人各自标榜，互相诟骂，直到如今，把两先生的宗旨都弄糊涂了。其实做人应当自立，能自立，虽然祖先是衰微的，也可以逐渐兴盛起来；若不能自立，祖宗虽然昌盛，也会逐渐衰颓。"

这是说朱陆的门人都不能自立，使朱陆的学术衰微了。吴澄这个批评是很有道理的。

"读书之所以重要，是因为可以借着圣贤的说话，明白本在自己心上的理，若本心不存，理不能明，而只用口去说圣贤的言语文字，又有什么意义呢？"

"读书当知书之所以为书（明白书中要表达的义理），若能知，便会喜爱，既喜爱，必会乐，这时书便在我心上，虽然不读书亦可以。"

这是说读书是为了要明白自己本有的理，若明理，又能以呈现理为乐的话，便达到读书的目的，到这时候，不读书也可以，这是以陆象山的尊德性来贯通朱子道问学的功夫。

"学问的要点在于明心，本心是天所给予我的，这是人之所以为人的特性，有了这心，人便和禽兽不同，所以学问以明心为要。"

"仁，便是人的心，但仁心的发用是没有界限的，一切事都是仁心所要照顾的，所以人要在事事物物上用力，心才不会挂空。所以圣人教人要随事用力。"

吴澄论性也有精语，他说：

"性只有一性，当然是善的，但气质则有善有不善，性落在不同的气质中便有不同的表现；若是气质算清美的人，他的性便不受影响，便是上智的圣人。若气质昏浊的，他的善性便有污坏，这便是庸劣不肖的人；因此，性虽善而气质有善有不善，所以学者要用后天的力量来改变气质，以恢复原来的善性。"

这是本于程伊川及朱子的说法。其实只有本心呈现，才能变化气质，在自觉要变化气质时，本心便呈现，便不会受气质的影响。善性严格说也不会受气质所污坏，只会因本心的受私欲蒙蔽而不显，一旦本心呈现，性体便呈现。

和吴澄同时，有陈苑竭力提倡象山之学，人称"静明先生"。陈苑少时读到象山的著作，十分喜爱，后来便努力传扬陆学，虽遭受当时人的讥笑诋毁，也毫不畏惧，因为他的努力，陆学才慢慢为人所知。后陈苑二十余年，有赵楷，人称"宝峰先生"，也以陆学为宗，不肯出仕，很受时人景仰。

附录　原典精选

一、生平行事部分

1.胡安定

胡瑗，字翼之，泰州如皋人。七岁善属文。十三通五经，即以圣贤自期许。邻父见而异之，谓其父曰："此子乃伟器，非常儿也！"家贫无以自给。往泰山与孙明复、石守道同学。攻苦食淡，终夜不寝，一坐十年不归。得家书，见上有"平安"二字，即投之涧中不复展，恐扰心也。以经术教授吴中，范文正爱而敬之，聘为苏州教授，诸子从学焉。//

是时礼部所得士，先生弟子十常居四五，随材高下而修饰之，人遇之，虽不识，皆知为先生弟子也。在湖学时，福唐刘彝往从之，称为高弟。后熙宁二年，神宗问曰："胡瑗与王安石孰优？"对曰："臣师胡瑗以道德仁义教东南诸生。时王安石方在场屋中，修进士业。臣闻圣人之道，有体，有用，有文。君臣、父子、仁义礼乐历世不可变者，其体也。诗书史传子集垂法后世者，其文也。举而措之天下，能润泽斯民归于皇极者，其用也。国家累朝取士，不以体用为本，而尚声律浮华之词，是以风俗偷薄。臣师当宝元明道之间，尤病其失，遂以明体达用之学授诸生，夙夜勤瘁，二十余年，专切学校。始于苏湖，终于太学，出其门者，无虑数千余人。故今学者明夫圣人体用以为政教之本，皆臣师之功，

非安石比也。"（《安定学案》）

2. 孙泰山

先生退居泰山之阳，枯槁憔悴，须眉皓白。故相李文定迪守兖，见之，叹曰："先生年五十，一室独居，谁事左右？不幸风雨饮食，生疾奈何？吾弟之女甚贤，可以奉箕帚！"先生固辞。文定曰："吾女不妻先生，不过一官人妻。先生德高天下，幸婿李氏，荣贵莫大于此！"先生曰："宰相女不以妻公侯贵戚，而固以嫁山谷衰老藜藿不充之人；相国之贤，古无有也！予安敢不承。"其女亦甘淡泊，事先生尽礼，当时士大夫莫不贤之。（《泰山学案》）

3. 司马温公

凡居洛十五年，天下以为真宰相。田夫野老皆号为司马相公。妇人孺子亦知为君实也。帝崩，赴阙临，卫士望见，皆以手加额，所至民遮道聚观，曰："公无归洛，留相天子活百姓。"//

先生孝友忠信，恭俭正直，居处有法，动作有礼。其兄太中大夫旦年将八十，奉之如严父，保之如婴儿。自少至老，语未尝妄。自言："吾无过人，但平生所为，未尝有不可对人者。"天下敬信。陕洛间化其德，有不善，曰："君实得无知之乎？"（《涑水学案》）

4. 邵康节

居洛四十年，安贫乐道，自云未尝攒眉。所居寝息处名"安乐窝"，自号"安乐先生"。又为瓮牖，读书燕居其下。旦则烧香独坐，晡时饮酒三四瓯。微醺便止，不使至醉。尝有诗云："斟

有浅深存爕理，饮无多少系经纶；莫道山翁拙于用，也能康济自家身。"（《百源学案》）

5. 周濂溪

明道曰："昔受学于周茂叔，每令寻仲尼颜子乐处，所乐何事。"

又曰："自再见周茂叔后，吟风弄月以归，有'吾与点也'之意。"

又曰："吾年十六七时，好田猎。既见茂叔，则自谓已无此好矣。茂叔曰：'何言之易也！但此心潜隐未发，一日萌动，复如初矣！'后十二年，复见猎者，不觉有喜心，乃知果未也。"（《濂溪学案》）

6. 程明道

先生视民如子，民以事至县者，必告之以孝悌忠信。欲辨事者，或不持牒径至庭下，先生从容理其曲直，无不释然。度乡村远近为保伍，使之力役相助，患难相恤，而奸伪无所容。凡孤茕残废者，责之亲戚乡党，使无失所。行旅出于其途者，疾病皆有所养。乡皆有校。暇时，亲至，召父老而与之语。童儿所读书，亲为正句读。教者不善，则为易置。乡民为社会，为立条约，旌别善恶，使有劝有耻。在县三年，民无强盗及斗死者。//

先生资性过人，而充养有道，和粹之气，盎于面背。门人交友从之数十年，未尝见其忿厉之容，遇事优为，虽当仓卒，不动声色。自十五六时，与弟正叔闻汝南周茂叔论学，遂厌科举之习，慨然有求道之志。泛滥于诸家，出入于老释者几十年，返求诸六经而后得之。秦汉而下，未有臻斯理也。//

明道先生与门人讲论，有不合者，则曰"更有商量"，伊川则直曰不然。//

程氏遗书曰："学者先学文，鲜有能至道。至如博观泛滥，亦自为害。"故先生尝教谢良佐曰："贤读书，慎不要循行数墨！"//

上蔡曰："先生善言诗，他又不曾章解句释，但优游玩味，吟哦上下，便使人有得处。"（《明道学案》）

7. 程伊川

先生容貌庄严，于上（宋哲宗）前不少假借。时文潞公彦博以太师平章重事，侍立终日，不懈。上虽谕以少休，不去也。或谓之曰："君之严，视潞公之恭，孰为得失？"先生曰："潞公四朝大臣，事幼主不得不恭。吾以布衣职辅导，亦不敢不自重也。"上在宫中漱水避蚁。先生闻之，问曰："有是乎？"曰："然，诚恐伤之尔。"先生曰："愿陛下推此心以及四海，则天下幸甚！"一日，讲罢，未退，上折柳枝。先生进曰："方春发生，不可无故摧折。"//

疾革，门人进曰："先生平日所学，正今日要用！"先生曰："道著用，便不是。"先生为学，本于至诚。其见于言动事为之间，疏通简易，不为矫异。衣虽布素，冠襟必整。食虽简俭，蔬饭必洁。致养其父，细事必亲。赡给内外亲党八十余口。其接学者以严毅。尝瞑目静坐，游定夫、杨龟山立侍不敢去，久之，乃顾曰："日暮矣，姑就舍。"二子者退，则门外雪深尺余矣。明道尝谓曰："异日能使人尊严师道者，吾弟也。若接引后学，随人才而成就之，则予不得让焉。"（《伊川学案》）

8. 张横渠

年十八，慨然以功名自许。欲结客取洮西之地。上书谒范文正公。公知其远器，责之曰："儒者自有名教可乐，何事于兵？"
手《中庸》一编授焉，遂翻然志于道。已求诸释老，乃反求之六经。
嘉祐初，至京师，见二程子。（二程于生为外兄弟之子，卑行也。）
先生与语道学之要，厌服之，因涣然曰："吾道自足，何事旁求！"
于是尽弃异学，淳如也。当是时，先生已拥皋比，讲《易》京邸，
听从者甚众。先生谓之曰："今见二程，至深明易道，吾不及也，
可往师之。"即日辍讲。

托疾归横渠，终日危坐一室，左右简编，俯读仰思，冥心妙契，
虽中夜必取烛疾书。曰："吾学既得诸心，乃修其辞命；命辞无失，
然后断事；断事无失，吾乃沛然。"盖其志道精思，未始须臾息也。
告诸生以学必如圣人而后已，以为知人而不知天，求为贤人而不
求为圣人，此秦汉以来学者之大弊也。故其学以易为宗，以中庸
为的，以礼为体，以孔孟为极。（《横渠学案》）

9. 谢上蔡

先生习举业，已知名，往扶沟见明道，受学甚笃。明道一日
谓之曰："尔辈在此相从，只是学某言语，故其学心口不相应。
盍若行之！"请问焉。曰："且静坐。"//

胡文定云："先生初以记问为学，自负该博，对明道举史书
不遗一字。明道曰：'贤却记得许多，可谓玩物丧志。'谢闻之，
汗流浃背，面发赤。明道却云，只此便是恻隐之心。及看明道读史，
又却逐行看过，不差一字，谢甚不服。后来省悟，却将此事做话题，
接引博学进士。

先生为学，作课簿以记日用言、动、视、听之是礼与非礼者。
又旧多恐惧，尝于危阶上习以消之。（《上蔡学案》）

10. 尹和靖

先生因苏昞见伊川，自后半年方得《大学》《西铭》看。

伊川教人专以敬以直内为本，先生独能力行之。先生言："伊川先生教，只是专令用'敬以直内'。若用此理，则百事不敢轻为，不敢妄为，不愧屋漏矣。习之既久，自然有所得也。"（《和靖学案》）

11. 李延平

朱子曰："李先生涵养得自是别，真所谓不为事物所胜者！古人云，终日无疾言遽色。他真个是如此。如：寻常人去近处，必徐行，出远处行必稍急。先生去近处也如此，出远处亦只如此。寻常人叫一人，叫之二三声不至，则声必厉。先生叫之不至，声不加于前也。又有坐处，壁间有字，某每常亦须起头一看。若先生则不然，方其坐时，固不看也；若是欲看，则必起就壁下视之。其不为事物所胜，大率若此。"（《豫章学案》）

12. 朱子

先生幼有异禀，五岁入小学，始诵"孝经"，即了其大义，书八字于其上曰："若不如此，便不成人。"闲从群儿嬉游，独以沙列八卦象，详观侧玩。又尝指日问韦斋（朱子父亲）曰："日何所附？"曰："附于天。"又问："天何所附？"韦斋异之。//

其为学大抵穷理以致其知，反躬以践其实，而以居敬为主，全体大用，兼综条贯，表里精粗，交底于极。尝谓圣贤道统之传，散在方册，圣经之旨不明，而道统之传始晦，于是竭其精力以研

穷圣之经训。其于百家之支，二氏之诞，不惮深辩而力辟之。(《晦翁学案》)

13. 陆象山

乾道八年，登进士第，为吕东莱所识。始至行都，从游者甚众。先生能知其心术之微，言中其情，多至汗下。亦有相去千里，素无雅故，闻其概而尽得其为人。语学者曰："念虑之不正者，顷刻而知之，即可以正。念虑之正者，顷刻而失之，即为不正。有可以形迹观者，有不可以形迹观者。必以形迹观人，则不足以知人；必以形迹绳人，则不足以教人。"又曰："今天下学者，惟有两途：一途朴实，一途议论。"足以明人心之邪正，破学者窟宅矣。一生饭次交足，饭既，先生谓之曰："汝适有过，知之乎？"生曰："已省。"其规矩之严又如此！(《象山学案》)

14. 许鲁斋

许衡，字仲平，河内人。七岁入学，授章句，问其师曰："读书何为？"师曰："取科第耳。"曰："如斯而已乎？"每受书，即答其旨义，师诳而辞去，如是者三师。流离世乱，嗜学不辍，人亦稍稍从之。访姚枢于苏门，得伊洛、新安遗书，乃还谓其徒曰："昔者授受，殊孟浪也。今始闻进学之序。若必欲相从，当率弃前日所学，从事小学之洒扫应对，以为进德之基。"众皆曰："唯。"遂相与讲诵，诸生出入惟谨，客至见之，恻然动念，皆渐濡而出。//

尝暑中过河阳，渴甚，道有梨，众争取啖，先生独危坐树下。或问之。曰："非其有而取之，不义。"或曰："此无主。"曰：

"梨无主，吾心独无主乎？"转鲁留魏，人见其有德，稍稍从之。（《鲁斋学案》）

15. 刘静修

陶宗仪《辍耕录》曰：初，许衡之应召也，道过真定，因谓曰："公一聘而起，无乃速乎？"衡曰："不如此则道不行。"及先生不受集贤之命，或问之，乃曰："不如此则道不尊。"（《静修学案》）

二、思想学术部分

1.《太极图说》　周濂溪

无极而太极。太极动而生阳，动极而静，静而生阴。静极复动。一动一静，互为其根；分阴分阳，两仪立焉。阳变阴合而生水火木金土，五气顺布，四时行焉。五行一阴阳也，阴阳一太极也，太极本无极也。

五行之生也，各一其性。无极之真，二五之精，妙合而凝。"乾道成男，坤道成女。"二气交感，化生万物，万物生生而变化无穷焉。

唯人也得其秀而最灵，形既生矣，神发知矣，五性感动而善恶分，万事出矣。圣人定之以中正仁义（自注："圣人之道，仁义中正而已矣。"）而主静（自注："无欲故静。"），立人极焉。

故圣人"与天地合其德，日月合其明，四时合其序，鬼神合其吉凶"，君子修之吉，小人悖之凶。故曰："立天之道，曰阴与阳。立地之道，曰柔与刚。立人之道，曰仁与义。"又曰："原始反终，故知死生之说。"大哉易也,斯其至矣!

2.《通书》 周濂溪

诚者圣人之本。"大哉乾元,万物资始",诚之源也。"乾道变化,各正性命",诚斯立焉。纯粹至善者也。故曰:"一阴一阳之谓道,继之者善也,成之者性也。"元、亨,诚之通;利、贞,诚之复。大哉易也,性命之源乎!(《诚上第一》)

圣,诚而已矣。诚,五常之本,百行之源也。静无而动有,至正而明达也。五常百行,非诚非也,邪暗塞也。故诚则无事矣。至易而行难,果而确,无难焉。故曰:"一日克己复礼,天下归仁焉。"(《诚下第二》)

诚无为,几善恶。德:爱曰仁,宜曰义,理曰礼,通曰智,守曰信。性焉安焉之谓圣,复焉执焉之谓贤。发微不可见,充周不可穷之谓神。(《诚几德第三》)

寂然不动者,诚也;感而遂通者,神也;动而未形,有无之间者,几也。诚精故明,神应故妙,几微故幽。诚、神、几曰圣人。(《圣第四》)

或问曰:曷为天下善?曰:师。曰:何谓也?曰:性者,刚柔善恶,中而已矣。不达。曰:刚善,为义,为直,为断,为严毅,为干固;恶,为猛,为隘,为强梁。柔善,为慈,为顺,为巽;恶,为懦弱,为无断,为邪佞。惟中也者,和也,中节也,天下之达道也,圣人之事也。故圣人立教,俾人自易其恶,自至其中而止矣。故先觉觉后觉,暗者求于明,而师道立矣。师道立,则善人多;善人多,则朝廷正而天下治矣。(《师第七》)

人之生,不幸不闻过,大不幸无耻。必有耻,则可教;闻过,

则可贤。（《幸第八》）

洪范曰："思曰睿"，"睿作圣"。无思，本也；思通，用也。几动于彼，诚动于此，无思而无不通为圣人。不思则不能通微，不睿则不能无不通。是则无不通生于通微，通微生于思。故思者，圣功之本而吉凶之几也。易曰："君子见几而作，不俟终日。"又曰："知几其神乎！"（《思第九》）

圣希天，贤希圣，士希贤。伊尹、颜渊，大贤也。伊尹耻其君不为尧舜，一夫不得其所，若挞于市。颜渊不迁怒，不贰过，三月不违仁。志伊尹之所志，学颜子之所学，过则圣，及则贤，不及则亦不失于令名。（《志学第十》）

有善，不及。曰：不及则学焉。问曰：有不善？曰：不善则告之不善，且劝曰："庶几有改乎！"斯为君子。有善一，不善二，则学其一而劝其二。有语曰："斯人有是之不善，非大恶也？"则曰："孰无过？焉知其不能改？改则为君子矣。不改为恶，恶者天恶之，彼岂无畏邪？乌知其不能改？"故君子悉有众善，无弗爱且敬焉。（《爱敬第十五》）

动而无静，静而无动，物也。动而无动，静而无静，神也。动而无动，静而无静，非不动不静也。物则不通，神妙万物。水阴根阳，火阳根阴。五行阴阳，阴阳太极，四时运行，万物终始。混兮辟兮，其无穷兮！（《动静第十六》）

3.《正蒙》 张横渠

太和所谓道，中涵浮沉、升降、动静相感之性，是生缊缊相荡、胜负、屈伸之始。……散殊而可象为气，清通而不可象为神。

太虚无形，气之本体；其聚其散，变化之客形尔。至静无感，性之渊源；有识有知，物交之客感尔。客感客形与无感无形，惟尽性者一之。

天地之气，虽聚散攻取百涂，然其为理也，顺而不妄。气之为物，散入无形，适得吾体；聚为有象，不失吾常。太虚不能无气，气不能不聚而为万物，万物不能不散而为太虚。循是出入，是皆不得已而然也。然则圣人尽道其间，兼体而不累者，存神其至矣。彼语寂灭者，往而不反；徇生执有者，物而不化；二者虽有间矣，以言乎失道则均焉。

聚亦吾体，散亦吾体，知死之不亡者，可与言性矣。

知虚空即气，则有无隐显，神化性命，通一无二，顾聚散、出入、形不形；能推本所从来，则深于易者也……此道不明，正由懵者略知体虚空为性，不知本天道为用。反以人见之小因缘天地。明有不尽，则诬世界乾坤为幻化，幽明不能举其要，遂躐等妄意而然。不悟一阴一阳，范围天地，通乎昼夜，三极大中之矩，遂使儒佛老庄混然一途。

气聚，则离明得施而有形；不聚，则离明不得施而无形。方其聚也，安得不谓之客；方其散也，安得遽谓之无！故圣人仰观俯察，但云"知幽明之故"，不云"知有无之故"。盈天地之间者，法象而已矣；文理之察，非离不相睹也。方其形也，有以知幽之因；方其不形也，有以知明之故。

气之聚散于太虚，犹冰凝释于水，知太虚即气，则无无。故圣人语性与天道之极，尽于参伍之神变易而已。诸子浅妄，有有无之分，非穷理之学也。（《太和篇第一》）

诚明所知，乃天德良知，非闻见小知而已。

天人异用，不足以言诚；天人异知，不足以尽明。所谓诚明者，性与天道，不见乎小大之别也。

性者，万物之一源，非有我之得私也。惟大人为能尽其道，是故立必俱立，知必周知，爱必兼爱，成不独成。彼自蔽塞而不知顺吾理者，则亦末如之何矣。

尽性，然后知生无所得，则死无所丧。

未尝无之谓体，体之谓性。

以生为性，既不通昼夜之道，且人与物等，故告子之妄不可不诋。

性于人无不善，系其善反不善反而已。过天地之化，不善反者也。命于人无不正，系其顺与不顺而已；行险以侥幸，不顺命者也。

形而后有气质之性，善反之，则天地之性存焉。故气质之性，君子有弗性者焉。（《诚明篇第六》）

大其心，则能体天下之物；物有未体，则心为有外。世人之心，止于闻见之狭；圣人尽性，不以见闻梏其心，其视天下，无一物非我。孟子谓尽心则知性知天，以此。天人无外，故有外之心，不足以合天心。见闻之知，乃物交而知。德性所知，不萌于见闻。

由象识心，徇象丧心。知象者心，存象之心，亦象而已，谓之心，可乎？

人谓己有知，由耳目有受也；人之有受，由内外之合也。知合内外于耳目之外，则其知也过人远矣。

天之明莫大于日，故有目接之，不知其几万里之高也。天之声莫大于雷霆，故有耳属之，莫知其几万里之远也。天之不御莫大于太虚，故心知廓之，莫究其极也。人病其以耳目见闻累其心，而不务尽其心，故思尽其心者，必知心所从来而后能。（《大心

篇第七》)

4.《定性书》 程明道

承教，谕以"定性未能不动，犹累于外物"，此贤者虑之熟矣，尚何俟小子之言。然尝思之矣，敢贡其说于左右：

所谓定者，动亦定，静亦定，无将迎，无内外。苟以外物为外，牵己而从之，是以己性为有内外也。且以性为随物于外，则当其在外时，何者为在内？是有意于绝外诱而不知性之无内外也。既以内外为二本，则又乌可遽语定哉！

夫天地之常，以其心普万物而无心；圣之之常，以其情顺万事而无情。故君子之学，莫若廓然而大公，物来而顺应。易曰："贞吉，悔亡。憧憧往来，朋从尔思。"苟规规于外诱之除，将见灭于东而生于西也，非惟日之不足，顾其端无穷，不可得而除也。

人之情各有所蔽，故不能适道，大率患在于自私而用智。自私则不能以有为为应迹，用智则不能以明觉为自然。今以恶外物之心而求照无物之地，是反鉴而索照也。易曰："艮其背，不获其身；行其庭，不见其人。"孟子亦曰："所恶于智者，为其凿也。"与其非外而是内，不若内外之两忘也。两忘则澄然无事矣。无事则定，定则明，明则尚何应物之为累哉！圣人之喜，以物之当喜；圣人之怒，以物之当怒；是圣人之喜怒，不系于心而系于物。是则圣人岂不应于物哉？乌得以从外者为非而更求在内者为是也？今以自私用智之喜怒，而视圣人喜怒之正为何如哉？夫人之情易发而难制者，惟怒为甚；第能于怒时遽忘其怒而观理之是非，亦可见外诱之不足恶，而于道亦思过半矣。

心之精微，口不能宣，加之素拙于文辞，又吏事匆匆，未能精虑，当否，亟报。然举大要，亦当近之矣。道近求远，古人所非，惟聪明裁之。

5.《识仁篇》　程明道

学者须先识仁。仁者，浑然与物同体；义、礼、智、信，皆仁也。识得此理，以诚敬存之而已。不须防检，不须穷索。若心懈则有防；心苟不懈，何妨之有？理有未得，故须穷索；存久自明，安待穷索？此道与物无对，大不足以明之。天地之用，皆我之用。孟子言："万物皆备于我"，须"反身而诚"，乃为大乐。若反身未诚，则犹是二物有对，以己合彼，终未有之，又安得乐？订顽意思，乃备言此体。以此意存之，更有何事？"必有事焉而勿正，心勿忘勿助长"，未尝致纤毫之力，此其存之之道。若存得便合有得。盖良知良能元不丧失，以昔日习心未除，却须存习此心，久而可夺旧习。此理至约，惟患不能守。既能体之而乐，亦不患不能守也。

6.《知言》　胡五峰

道充乎身，塞乎天地，而拘于墟者不见其大；存乎饮食男女之事，而溺于流者不知其精。诸子百家，亿之以意，饰之以辨，传闻袭见蒙心之言，命之理，性之道，置诸茫昧则已矣。悲夫！此邪说暴行所以盛行，而不为其所惑者鲜矣。

道不能无物而自道，物不能无道而自物。道之有物，犹水之有流也，夫孰能间之！故离物求道者，妄而已矣。

夫妇之道，人丑之者，以淫欲为事也。圣人安之者，以保合为义也。接而知有礼焉，交而知有道焉。惟敬者为能守而勿失也。语曰"乐而不淫"，则得性命之正矣。谓之淫欲者，非陋庸人而何？

天理人欲，同体而异用，同行而异情，进修君子宜深别焉。

好恶，性也，小人好恶以己，君子好恶以道，察乎此则天理人欲可知。

心无不在，本天道变化，为世俗酬酢。参天地，备万物，人之为道至大也！至善也！放而不知求，耳闻目见为己蔽，父子夫妇为己累，衣裘饮食为己欲；既失其本矣，犹皆曰我有知；论事之是非，方人之短长，终不知其陷溺者，悲夫！故孟子曰："学问之道无他，求其放心而已矣。"

大哉性乎，万理具焉，天地由此而立矣。世儒之言性者，类指一理而言之尔，未有见天命之全体者也。

7.《朱子语录》

博学谓天地万物之理，修己治人之方，皆所当学。然亦各有次序，当以其大而急者为先，不可杂而无统也。

因论为学，曰："愈细密，愈广大；愈谨确，愈高明。"

看得道理熟后，只除了这道理是真实法外，见世间万事颠倒迷妄，耽嗜恋着，无一不是戏剧，真不堪着眼也。又答人书云："世间万事，须臾变灭，皆不足置胸中，惟有穷理修身为究竟法耳。"

知行常相须，如目无足不行，足无目不见。论先后，知为先；论轻重，行为重。

论知之与行，曰："方其知之而行未及之，则知尚浅。既亲历其域，则知之益明，非前日之意味。"

涵养中自有穷理工夫，穷其所养之理；穷理中自有涵养工夫，养其所穷之理。两项都不相离，才见成两处便不得。

学者工夫唯在居敬穷理二事，此二事互相发。能穷理，则居敬工夫日益进；能居敬，则穷理工夫日益密。譬如人之两足，左足行则右足止，右足行则左足止。

持敬是穷理之本，穷得理明又是养心之助。

万事皆在穷理后，经不正，理不明，看如何地持守也只是空。

人为学须是要知个是处，千定万定，知得这个彻底是，那个彻底不是，方是见得彻，见得是，则这心里方有所主。

一心具万理，能存心而后可以穷理。

心包万理，万理具于一心。不能存得心，不能穷得理；不能穷得理，不能尽得心。

务反求者以博观为外驰，务博观者以内省为狭隘，堕于一偏，此皆学者之大病也。

敬只是此心自做主宰处。

敬非是块然兀坐，耳无所闻，目无所见，心无所思，而后谓之敬，只是有所畏谨，不敢放纵。如此则身心收敛，如有所畏，常常如此，气象自别。存得此心，乃可以为学。

问："敬通贯动静而言，然静时少，动时多，恐易得挠乱。"曰："如何都静得？有事须着应。人在世间，未有无事时节，要无事除是死也。自早至暮有许多事，不成说事多挠乱，我且去静坐。敬不是如此，若事至前，而自家却要主静，顽然不应，便是心都死了。无事时，敬在里面；有事时，敬在事上；有事无事，吾之敬未尝间断也。且如应接宾客，敬便是应接上；宾客去后，敬又在这里。若厌苦宾客而为之心烦，此却是自挠乱，非所谓敬也。"

有个天理，便有个人欲，盖缘这个天理须有个安顿处，才安顿得不恰好，便有人欲出。

人之一心，天理存，则人欲亡；人欲胜，则天理灭；未有天理人欲夹杂者。学者须要于此体认省察之。

问："饮食之间，孰为天理，孰为人欲？"曰："饮食者，天理也；要求美味，人欲也。"

学者须是革尽人欲，复尽天理，方始是学。……

学者工夫，只求一个是。天下之理不过是与非两端而已，从其是则为善，徇其非则为恶。事亲须是孝，不然，则非事亲之道；事君须是忠，不然，则非事君之道。凡事皆用审个是非，择其是而行之。

作事若顾利害，其终未有不陷于害者。

8.《陆象山语录》

夫子曰："吾十有五而志于学。"今千百年无一人有志，也是怪他不得，志个甚底？须是有智识，然后有志愿。

人要有大志！常人汩没于声色富贵间，良心善性，都蒙蔽了。今人如何便解有志，须先有智识始得。

凡欲为学，当先识义利公私之辨。今所学果为何事？人生天地间，为人自当尽人道。学者所以为学，学"为人"而已，非有为也。

大凡为学，须要有所立。论语云："己欲立而立人。"卓然有不为流俗所移，乃为有立。须思量天之所以与我者是甚底，为还是要做人否？理会得这个明白。然后方可谓之学问。

上是天，下是地，人居其间，须是做得人方不枉。

今人略有些气焰者，多只是附物，原非自立也。若某则不识一个字，亦须还我堂堂地做个人。

人精神在外，至死也劳攘。须收拾作主宰，收得精神在内，当恻隐即恻隐,当羞恶即羞恶,谁欺得你？谁瞒得你？见得端的后,常涵养是甚次第。

仁,即此心也,此理也。

心一心也,理一理也,至当归一,精义无二。此心此理,实不容有二。

万物森然于方寸之间,满心而发,充塞宇宙,无非此理。

道遍满天下,无些小空阙。四端万善,皆天之所予,不劳人妆点。但是人自有病,与他相隔了。